臺灣校務研究之
學生就業與發展

廖慶榮、何希慧、陳錦華——主編

「臺灣校務研究之學生就業與發展」序一
——為學生加值是大學的使命

國立中央大學校長

周景揚

　　學生從進入到離開大學，會經歷人生中非常重要的加值階段。俗話說的大學必修三學分——課業、社團、愛情，培養的不外乎是專業、學術、職場、做人處事等四大素養，而其內涵除了專業知能、問題解決、批判反思、創意思考、終身學習、溝通表達、團隊合作、規劃管理、評估考核之外，也包括了人文關懷、多元視野、綠色永續、美感品味等文化價值態度。我們希望幫學生加的是如此全面的價值，而不是讓他們變成單面向的高效生產機器人。

　　在有限的資源下，各大學想方設法要幫學生加值，從教學內容與制度創新、課業預警與輔導、競賽或交流獎勵、職涯諮詢、社團發展到環境設備改善等，各種具體作為可謂爭奇鬥艷，令人目不暇給。至於我們的努力到底成就了些什麼？資源是否用在刀口上？要回答這些問題，有賴校務研究（institutional research）提供良好的成效分析來作為決策回饋，引領我們走上正確的方向。

　　學生畢業之後不論是否繼續求學或進修，絕大多數終歸會進入職場，迎向人生中最漫長的階段，因此就業力便成為大學加值成效的終極考驗。從獲得理想工作的難易度、學用之間的落差大小，到就業後的成就感、穩定度或向上流動性，都可以是就業力的具體展現。可見若要完整衡量從投入到產出整個過程的成效，不論是資料蒐集或分析，涉及的面向既廣且深。

　　過去幾年，入學管道與學業表現之間的關連性是各大學校務

研究的熱門議題，除了與各校招生策略相關之外，對於整個社會來說，弄清楚多元入學對於社會階層流動所產生的實質影響，更是一個不可迴避的科學問題。然而，學業表現僅是學生在大學生涯中眾多面向之一，雖然重要但不是唯一，之所以廣為分析，與教務資料相對於其他資料容易取得有關。

為了評估學生在大學期間其他面向上的進展，以及掌握學生畢業之後的流向與表現，各校除了致力於提升校務行政資料（教務、學務、總務、研發、人事、主計、國際事務等）的完整與正確外，也積極地透過各種測驗或問卷調查來取得學生在學業之外的資訊，甚至還想方設法去串接政府部門（如教育部、勞動部或財政部）的外部資料，建置完善的資料庫以作為良好校務研究的堅強後盾。

從分析的角度來看，要釐清各大學的加值措施與學生就業力提升之間的因果關係，其難度決不亞於一般的科學研究，不能等閒視之。某項指標的提升究竟是因為我們的努力產生了效果，還是因為選擇去參與該項機制的學生自身就具有某種與該項指標有關的特質，這實在不是個容易處理的問題，無法單從統計上的相關就推論到因果，必須要採用更嚴謹的分析方法才能得到完整的答案。

本書《臺灣校務研究之學生就業與發展》共收錄10篇來自各大學及工研院的研究分析，在讀過這些篇章之後，我有幸能夠欣賞到各校在提升學生就業力方面做了些什麼樣具有創意的努力，也學習到各種精彩的資料蒐集與分析方法。相信這本書的出版，能夠對於各大學未來幾年在校務研究與治理的方向上，產生相當重要的啟發。

有鑑於許多重要議題無法從單一學校的資料分析出明確的答案，身為臺灣校務研究專業協會第三屆的理事長，我期望本書代表的只是一個合作的開始，期盼未來各校能夠有更多元更深入的實質交流與合作，在共同的分析架構下針對同一個議題進行更為完整且深入的探討，而TAIR作為一個支援平台，將會盡力促成。

|「臺灣校務研究之學生就業與發展」序二

財團法人臺北醫學大學副校長

朱娟秀

　　臺灣高等教育需要有新的契機，不是全部的學校都要成為頂尖、都要打國際盃。在面臨少子化大環境時，各校應有各自因應之道。教育部推行校務研究，希望透過校務研究以數據支持學校決策，提昇校務決策之效率，讓各校了解自己的獨特性，走出自己的特色及亮點，吸引不同領域及層面的學生。臺灣校務研究發展已近五年，雖然和美國的五十餘年相比，我們還算是初期階段，然因教育部將校務研究納入深耕計劃的一部份，加上科技創新及大數據研究的發展快速，各校皆從數據基礎工程開始，像蓋房子一樣，一磚一瓦開始累積，經過三、五年光景，現今校務資料庫大多建設完備，並開始運用於各校務政策之實證支持上。本專書為就業篇，收納各校在學生就業相關數據分析及議題應用的豐碩成果，包含：數據視覺化呈現之多樣性、就業議題分析及應用。此外，由本書亦能更深入了解不同規模學校之特色及發展。

　　本書反映校務研究的重要初衷，校務研究之初，皆以提昇學生學習成效為目標，什麼是學生學習成效？每人對此定義，各有不同的定見，可能是在學成績、社團參與、國考成績…等在學表現外，就業力也視為綜合學習成效指標之一。就業力包含專業能力及軟實力在內，包含：專業、溝通、語文、團隊合作…等，能持續且保有工作的能力，為綜合學生在學校之學習成果，此能力可評估學校培養人才是否符合職場所需。本書邀請UCAN團隊及九個學校參與，

各校之發展特色各有不同，透過學生入學、學業學習、畢業後一、三、五年之資料串連，以了解學生就業表現及學用落差，並提出策略予以精進。

各校在學生就業力培植上，整合不同的資源，從專業面、職涯規劃上進行不同策略之提前部署，不同的學校作法皆有不同，有的邀請業師、企業進行兩方之溝通及交流，以了解業界之人才所需條件；有的結合校友的力量提供實務之面面觀，讓在校學生提早調適心態，以適應就業應有的工作態度；亦有些學校由課程之創新、創意課程下手，培育學生具有前瞻性、全方位之視野，以因應畢業後多變之就業環境；有些學校則是提供特殊的分析方法或圖形展示，此為分析技術面之分享；以上所述在書中皆有深入之討論。在議題分析方面，部份學校輔以視覺化圖形展現學生學習及就業表現之概況，部份學校則以嚴謹的統計方法予以檢定數值間的差異，前者就趨勢表現為重點，後者以統計理論為支持，驗證數值差異之顯著性，在應用及解讀上兩者背後代表之意義仍有些微差異。實際應用上，數據的解讀仍應小心處理，是否具有因果相關？解讀者對於校務相關業務之領域知識（domain knowledge）是必要的，再經細細琢磨、了解數據其中之內涵，大膽假設小心求證，才能將數據分析結果落實於政策應用，或能以數據驗證政策之有效性，以支持校務之發展。

無論您是否了解校務研究，期盼本書各校的實務經驗，可以帶領您更深入了解校務研究之目的及精神，也能激起您對於校務治理之靈感及熱情，在發想貴校校務研究的議題前，先看看校內基本校務資料，思考欲解決的問題在哪？欲改善的地方？……那就是校務研究議題發想的起始點！

目次

校務研究於學生就業與發展議題中扮演之角色

中國文化大學研究發展處研發長
顏敏仁

中國文化大學研究發展處校務研究辦公室主任
許嘉霖

中國文化大學研究發展處校務研究辦公室組員
潘彥蓉

中國文化大學研究發展處校務研究辦公室組員
顏巧玟

壹、前言

　　文化大學現有教師約1,600名、學生約2萬5千名，其中約1,300名為外籍生，以及13個學院，包括文學、國際暨外語、理學、法學、社會科學、農學、工學、商學、新聞傳播、藝術、環境設計、教育及體育運動健康等學術領域，大學部62系組、碩士班47所組、博士班11所，乃為一所科系多元、完備的綜合性大學；不僅可讓學生選擇專長研讀，更可為興趣廣博的青年學子，提供跨領域的學習機會。此外，本校於北、中、南都會區設有推廣教育部，為社會大

眾終身學習的理想園地。

　　然而，面對全球高等教育環境變遷與競爭，新時代的人才培育已日趨重視產業實用教育及學生學習成效以接軌國際就業市場。為協助培養學生國際競爭力與就業實踐能力，文化大學整合校級研究平台和國際產學聯盟，響應政府政策搭建了從創意、創客及創造市場價值之三創教育與創新實踐教育生態系統。透過校務研究支援辦學方針之規劃，促進學生在校即能培養具國際觀、產學鏈結及創意創新實踐能力。師生在單一專業之外並可以參與跨學院及跨領域團隊，鏈結國際市場和地方產業共創價值並推廣社會公益，展現學用整合及就業即戰力之教育方針。

　　本校研發處校務研究辦公室亦與英國績效管理學會（Performance Management Association; PMA）暨學術期刊特刊（Measuring Business Excellence）一同合作，每年聯合舉辦校務研究與卓越經營研討會。此研討會乃以校務研究、卓越經營為核心宗旨，從本校之校務研究、研發、資訊及國際論文特刊等領域結合貫穿研討會之理念。藉由此平台建立，不僅能展現本校於APEC「Administration（學校行政）、Project（整合計畫）、Evaluation（校務評鑑）、Characteristics（特色）」及五「新」級「教學、研究、產學、大學社會責任及行政e化」之議題重要分析成果外，亦能作為與國際及全國各校校務研究單位之重要交流與分享平台，如此不但能增進校務研究專才培訓，對學校而言，如同擁有一個「智庫」，運用其以數據、實證為基礎之分析結果於校務治理與經營，實現校務永續發展。

貳、解析學生學習成效和確保機制以落實優質學習環境

一、校務研究辦公室從事學生學習成效分析，以支援校務發展

　　教育為百年大計，接受的主體為學生，故教育之成敗繫於學生學習成效。本校為善盡大學社會責任（University Social Responsibility, USR），其中提升學生學習成效，培育人才，進而將知識傳遞予社會大眾，以帶動所在地區之繁榮與發展，推動社會永續向前為校務發展之重要項目之一。因此，本校於提升學生學習成效方面不遺餘力，成果亦相當顯著，從遠見雜誌2019年臺灣最佳大學排行榜調查中，於「社會影響」指標中之「在學學生參與競賽、論文出版成效」，以及「國際化程度」指標中之「學生出國交流人數」分別為全國排名第3名及全國排名第5名即為重要證明。就各校「在學學生參與競賽、論文出版成效」而言，遠見雜誌調查中心採用之衡量項目為1）參與競賽獲獎人次（即以學校名義參加主辦方【臺灣地區（含臺澎金馬）；大陸、港、澳地區；其他地區】等競賽之獲獎人次，每場競賽至少3間學校（含）以上參與）；2）學生論文出版及展演活動之篇數（場數）及人次（即論文以專書出版或出版在具匿名審查制度之期刊、研討會發表（壁報）論文篇數及人次或校外展演活動數及人次）；以及3）在學學生出席國際會議人次（即國際會議需至少3個國家／地區（含）以上（含臺灣地區）代表參與者，即可認定為國際會議）。至於本校於學生參與競賽論文出版之成效，如圖1所示，本校於101至106學年度參與競賽獲獎累積學生數達3,066人，出席國際會議累積學生數達6,773人，論文出版及參與展演活動累積學生數達16,159人。從圖1分析結果得知，本校每一

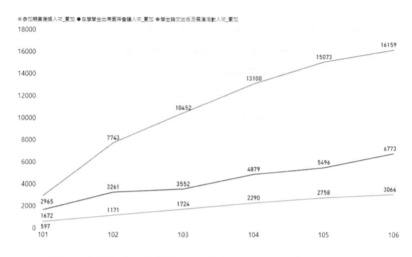

● 參加競賽獲獎人次_累加　● 在學學生出席國際會議人次_累加　● 學生論文出版及展演活動人次_累加

18000						
16000					15073	16159
14000				13100		
12000			10452			
10000						
8000	7743					6773
6000				4879	5496	
4000	3261	3552			2758	3066
2965			2290			
2000	1171	1724				
1672						
0　597						
101	102	103	104	105	106	

圖1　本校學生參與競賽、論文出版及參與展演活動之成效

　　學年度學生於參與競賽獲獎人次、在學學生出席國際會議人次,以及學生論文出版及參與展演活動人次均持續增加中,此成果足以見本校於增進學生學習成效不遺餘力。

　　另外,就各校「學生出國交流人數」而言,遠見雜誌調查中心為採學生獲得科技部「補助博士生赴國外研究補助」、「跨國產學合作交流及專業人才培訓計畫補助」、「學海飛颺」、「學海惜珠」或其他計畫經費補助出國進修、交流者予以衡量之。至於本校於學生出國交流人數之成效,如圖2所示,本校自101至107學年度學生出國交流累積人數達2,640人,同時分析結果亦發現每一學年度之女學生出國交流皆大於男學生出國交流人數。簡言之,從圖2分析結果得知,本校每一學年度之學生出國交流人數持續增加中,此結果亦足以見本校於鼓勵學生出國交流之政策,例如:移地教學、姊妹校交換生及補助出席國際研討會等,有其顯著地成效。

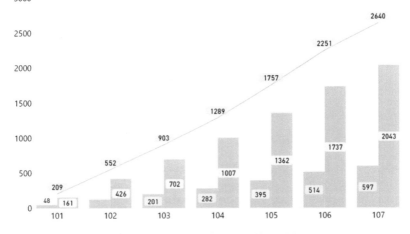

●學生出國進修、交流人數_男累加 ●學生出國進修、交流人數_女累加 ●學生出國進修、交流人數_累加總計

圖2　本校學生出國交流人數之成效

　　此外，本校校務研究辦公室致力追蹤學生各面向的學習成效，同時亦對本校多項介入措施之成效進行評量，以達品質確保之目標，例如針對學習預警機制之效益評估，探討被預警同學之平均成績、班級排名，以及不及格科目比率是否有進步或降低之情形。首先，如表1所示，分析結果發現當學期被預警的同學，其下一學期平均成績會進步，其進步的比率超過5成，足以見預警機制有助於提升學生學習成效。至於表2，分析結果則發現當學期被預警的同學，其下一學期班級排名會進步且進步的比率亦超過5成，此結果亦能說明本校預警機制於提升學生學習之成效有其效益。

表1 當學期被預警同學之下一學期平均成績之進步情形

被預警學年期	1041		1042		1051		1052		1061		1062	
下一學期平均成績是否進步	沒進步	有進步	沒進步	有進步	沒進步	有進步	沒進步	有進步	沒進步	有進步	沒進步	有進步
下一學期平均成績是否進步之計數	1889	1984	1458	2146	1889	2090	1356	1971	1805	1925	1227	1736
下一學期平均成績有進步之比率	51.23%		59.54%		52.53%		59.24%		51.61%		58.59%	

表2 當學期被預警同學之下一學期班級排名之進步情形

被預警學年期	1041		1042		1051		1052		1061		1062	
下一學期平均班排名是否進步	沒進步	有進步	沒進步	有進步	沒進步	有進步	沒進步	有進步	沒進步	有進步	沒進步	有進步
下一學期平均班排名是否進步之計數	1749	2120	1635	1969	1822	2152	1480	1847	1605	2116	1287	1674
下一學期平均班排名有進步之比率	54.79%		54.63%		54.15%		55.52%		56.87%		56.53%	

　　至於表3，分析結果發現當學期被預警後接受輔導同學，其下一學期平均成績會進步比率超過5成，可見被預警並輔導該學生，將有助於提升其學習成效。至於表4，分析結果亦發現當學期被預警後接受輔導的同學，其下一學期班級排名會進步比率超過5成，此結果亦能見被預警並輔導該生，將有助於提升學生之學習成效。

一直以來，本校即相當重視預警與輔導機制，亦積極落實於學生之學習上，目的為希望那些真正被預警且接受輔導學生，仍然能有良好的學習成效。

表3　當學期被預警後接受輔導同學之下一學期平均成績之進步情形

被預警學年期	1041		1042		1051		1052		1061		1062	
下一學期平均成績是否進步	沒進步	有進步	沒進步	有進步	沒進步	有進步	沒進步	有進步	沒進步	有進步	沒進步	有進步
下一學期平均成績是否進步之計數	1358	1453	1072	1611	1055	1220	1106	1498	1502	1625	1068	1567
下一學期平均成績有進步之比率	51.69%		60.04%		53.63%		57.53%		51.97%		59.47%	

表4　當學期被預警後接受輔導同學之下一學期班級排名之進步情形

被預警學年期	1041		1042		1051		1052		1061		1062	
下一學期平均班排名是否進步	沒進步	有進步	沒進步	有進步	沒進步	有進步	沒進步	有進步	沒進步	有進步	沒進步	有進步
下一學期平均班排名是否進步之計數	1260	1551	1194	1489	1059	1216	1167	1437	1333	1794	1139	1496
下一學期平均班排名有進步之比率	55.18%		55.50%		53.45%		55.18%		57.37%		56.77%	

二、校務研究辦公室與社團法人臺灣評鑑協會合作調查大一新生學習適應之情形

　　本校校務研究辦公室亦與社團法人臺灣評鑑協會一同合作調查本校大一新生學習適應之情形，整個調查期間至2020/1/10截止，最後，此調查共計蒐集3159位本國生（男性1,485筆、女性1,674筆）之資料，並據此作研究分析所用，如表5所示，調查結果顯示大一新生對於其目前就讀科系之課業挑戰性、教師專業度、教師授課品質及就讀科系總體課程狀況之整體滿意度之平均數皆大於3.5，其中又以「教師專業度（3.79）」之平均數為最高，此題約六成之學生填答為滿意或非常滿意，其次為「教師授課品質（3.67）」。因此，此結果說明本校新生不僅感到課業具有挑戰性且滿意總體課程狀況外，對於授課教師之專業度及授課品質均高度肯定。

　　再者，於本調查中，與就業接軌的實習機制、完善的證照輔導與經費補助機制、完善的競賽輔導與經費補助機制、豐富的國際交流資源、充足的多元學習機會、國際化的學習環境、增進廣博學習的通識課程及e化的教學與資訊環境此八小題衡量學生對本校現在所提供資源或支援之滿意程度。關於本校之填答情形，各題項之平均數介於3.4至3.6之間，各題項間較無明顯差異，其中以「充足的多元學習機會（3.54）」與「豐富的國際交流資源（3.52）」之平均數較高。另外，對於課程安排之認同程度方面，調查結果發現學生於畢業前能學到足夠的專業知能，填答平均數為3.44。這些研究發現，均足以說明本校於學生學習及國際交流方面提供相當多資源，而且學生相當程度地認同能從本校獲取足夠之專業知能。

　　其次，於本調查中，有能力閱讀英文教科書、已通過一種以上的外語檢定測驗及認為自己在畢業後能以外語與人有效溝通之程度此三題題項衡量學生對於自身外語能力之認同程度，本校之填答情

形，以學生有能力閱讀英文教科書之平均數（3.06）為最高。本校為了強化學生外語能力，以提升其就業力及國際移動力，已有許多的政策，例如：外語畢業門檻、課程英語化分級、國際交換生等。相信這些政策於不久的將來，將會有更卓著地成效展現。

接著，於本調查中，學生覺得大部分的課程有趣程度及學生及早準備課堂所要求的作業或報告，避免拖延之程度，此二題題項衡量課程學習態度，就本校填答情形而言，學生覺得大部分的課程有趣之平均數為3.18。則會及早準備課程所要求的作業或報告，避免拖延之平均數為3.4，且約42%會及早準備課程所要求的作業或報告。因此，為增進學生良好的學習態度，以提升其學習成效，本校已有許多政策，例如：鼓勵教師課程教材創新、教學助理、業師合授等。相信這些政策於不久的將來，將會有更卓著地成效展現。

於本調查中，學生可以跟得上課程進度、讀書時可以集中注意力、能有效運用時間準備課業、對課業的學習得心應手、對自己目前的學業表現感到滿意、覺得目前所投入的努力與成效成比例、當學習上有問題時，知道如何找資料或向誰請教、可分辨輕重緩急，妥善規劃時間、容易與別人合作完成團體作業、擅長撰寫書面報告、對於上台報告感到非常自在，以及能充分掌握老師講課的重點，共十二題題項衡量學生對於課程學習的掌握度，本校之填答情形，除對於上台報告感到非常自在（2.87）外，其他題項之平均數皆大於3，其中又以容易與別人合作完成團體作業之平均數（3.43）最高。題項中關於大學教授常使用之報告評量方式為書面報告及上台報告，有約32.9%之同學同意或非常同意自己擅長撰寫書面報告，此外，約26.1%之同學認為上台報告感到自在或非常自在，由此可見有較多同學認為自己較擅長撰寫書面報告。再者，不同意或非常不同意自己擅長撰寫書面報告之同學占21%，同學認為上台報告感到不自在或非常不自在占34.1%，由此可見本校之學生對書面報告之認同度可能高於上台報告。

本調查亦以老師的講解內容或問題說明、老師提供或指定的教材、老師使用媒體或影片輔助教學、老師提供案例或實例討論、師生互動學習、學生分組進行討論、設計或發表、學生在老師協助下進行實作、實驗、由學生選擇主題，並蒐集整合資料做專題報告、安排專人講演或示範、校外教學或參訪、多位老師合開一門課、老師以教學影片給同學觀看後，再於課堂重點複習，共十二題題項衡量老師授課方式對學生在學習上的幫助程度，本校之填答情形，以老師提供案例或實例討論之平均數（3.49）最高，多位老師合開一門課（2.9）及校外教學或參訪（2.95）之平均數較低。

　　此外，本調查亦以學生考慮「轉校」與「轉系」程度、能清楚了解就讀目的、能預期就學期間會有實際收獲及學習目標非常清楚明確，共五題題項衡量學生現況，本校之填答情形，以學生能清楚了解就讀目的之平均數（3.41）最高，有考慮轉系之平均數（2.28）最低。其中轉校及轉系之題項，約60%之學生不考慮或完全不考慮轉系，約36%之學生不考慮或完全不考慮轉校；約21%之學生考慮轉系，約38.9%之學生考慮轉校。由此可見有六成學生不考慮或完全不考慮轉系，呼應學生自身能清楚了解就讀目的之平均數為最高之填答狀況。

表5　大一新生學習適應之結果

題項	平均數	標準差
1. 目前就讀科系的總體課程狀況之認知		
(1) 課業挑戰性	3.56	0.923
(2) 教師專業度	3.79	0.926
(3) 教師授課品質	3.67	0.912
(4) 就讀科系總體課程狀況之整體滿意度	3.57	0.881
2. 對於「本校現在」所提供資源或支援之滿意程度		
(1) 滿意於與就業接軌的實習機制	3.46	0.899
(2) 滿意於完善的證照輔導與經費補助機制	3.42	0.904
(3) 滿意於完善的競賽輔導與經費補助機制	3.42	0.910
(4) 滿意於豐富的國際交流資源（如交換生、雙聯學位等）	3.52	0.905
(5) 滿意於充足的多元學習機會（如輔系、雙主修等）	3.54	0.891

題項	平均數	標準差
(6) 滿意於國際化的學習環境（如外語自學中心、外語情境教室、全英語教學等）	3.44	0.888
(7) 滿意於能增進廣博學習的通識課程	3.40	0.972
(8) 滿意於e化的教學與資訊環境	3.47	0.917
3. 透過學校的課程，我在畢業前能學到足夠之專業知能	3.44	0.888
4. 對於「外語能力」之認同程度		
(1) 我有能力閱讀英文教科書	3.06	1.076
(2) 我已通過一種（含一種）以上的外語檢定測驗	2.35	1.37
(3) 我認為自己在畢業後，能以外語與人有效溝通	2.97	1.144
5. 對於課程學習之態度		
(1) 覺得大部分的課程有趣	3.18	0.942
(2) 會及早準備課堂所要求的作業或報告，避免拖延	3.40	1.01
6. 對於課程學習之掌握度		
(1) 可以跟得上課程進度	3.34	0.955
(2) 讀書時，可以集中注意力	3.25	0.974
(3) 能有效運用時間準備課業	3.20	0.967
(4) 對課業的學習得心應手	3.13	0.974
(5) 對自己目前的學業表現感到滿意	3.01	1.027
(6) 覺得目前所投入的努力與成效成比例	3.14	0.961
(7) 當學習上有問題時，知道如何找資料或向誰請教	3.38	0.975
(8) 可分辨輕重緩急，妥善規劃時間	3.35	0.958
(9) 容易與別人合作完成團體作業	3.43	0.991
(10) 擅長撰寫書面報告	3.17	1.037
(11) 對於上台報告感到非常自在	2.87	1.182
(12) 能充分掌握老師講課的重點	3.19	0.941
7. 授課方式對於我在學習上的幫助程度		
(1) 老師的講解內容或問題說明	3.40	0.896
(2) 老師提供或指定的教材（課本、講義）	3.38	0.908
(3) 老師使用媒體或影片輔助教學	3.44	0.896
(4) 老師提供案例或實例討論	3.49	0.909
(5) 師生互動學習（發問、討論）	3.36	0.952
(6) 學生分組進行討論、設計或發表	3.31	0.968
(7) 學生在老師協助下進行實作、實驗	3.25	1.019
(8) 由學生選擇主題，並蒐集整合資料做專題報告	3.31	0.958
(9) 安排專人講演或示範	3.28	0.994
(10) 校外教學或參訪	2.95	1.206
(11) 多位老師合開一門課（如雙師教學、業師協同教學等）	2.90	1.107
(12) 老師以教學影片給同學觀看後，再於課堂重點複習	3.17	1.012
8. 符合我現狀之程度		
(1) 有考慮轉校	3.01	1.454
(2) 有考慮轉系	2.28	1.409

題項	平均數	標準差
(3) 能清楚了解就讀目的	3.41	1.109
(4) 能預期就學期間會有實際收獲	3.35	1.035
(5) 學習目標非常清楚明確	3.36	1.082

參、鏈結國際化、補助與獎勵，以及特色計畫促進學生就業與國際競爭力

一、畢業生流向探析

　　本校研發處校務研究辦公室於2019年2月1日正式納入組織編組，為研究發展處之其一單位。本辦公室目前置主任一人、二位組員及一名計畫助理。為積極推動與落實全面IR校務治理，採以數據與資訊分析為基礎之實徵型校務決策模式，與校務行政、研究獎勵、學術發展、國際化策略、產學與推廣、社會服務、教學及學生輔導等之執行成效及其相關策略執行方案形成互動式數據分析平台，透過分析與研判闡釋校務資訊累積相關知識，檢視學校本身定位與發展策略之執行成效，以及有效協助學校各級主管綜觀校務現況及比較國內外高等教育之發展與趨勢，以永保校務卓越與永續發展。

　　其中，校務研究於學生就業與發展之應用方面，本校校務研究辦公室為欲了解出國交流學生或曾獲獎補助學生是否於就業與發展上，會優於其他同學。因此，校務研究辦公室即向擁有相關的資料之業管單位索取資料，包括與國際處索取出國交流學生名單，與研發處索取獲獎補助學生名單，以及與學務處索取畢業生流向問卷資料，藉由出國交流學生名單與獲獎補助學生名單之資料，鏈結畢業生流向調查資料（即畢業1年與畢業3年），目的為欲調查1)本校交

換生或獎勵生之平均月薪資，是否比其他學生高；2)交換生及獎勵生之工作地點，是否在國外之比率較高，以及3)國際交流是否有幫助於畢業後找工作、創業或自我生涯發展。

　　首先，將有填答畢業生流向調查問卷之學生分為三群，第一群為參與本校辦理國際交流之交換生，第二群為申請本校「學生參加境外國際性競賽、出席境外國際會議補助」或「獲全國性或國際性學術競賽績優獎勵」並獲獎補助之獎勵生，第三群則為扣除交換生及獎勵生之其他學生。再者，關於本校交換生及獎勵生之平均月薪資，是否比其他學生高，如圖3與圖4所示，分析結果顯示畢業一年後，曾於本校從事交換生之學生佔低薪比率比獎勵生及其他學生較少，而獎勵生之平均月薪資佔高薪比率則高於交換生及其他學生。至於畢業三年後相較畢業一年後之情形，本研究發現交換生及其他學生平均月薪資約新台幣40,001元至70,000元及平均月薪資約新台幣70,001元以上之比率皆為正成長，而獎勵生平均月薪資約新台幣40,001元至70,000元之比率相較畢業一年後雖有大幅提升，但平均月薪資約新台幣70,001元以上之比率則為下降。從此分析結果獲知，學生於學習期間，若能積極爭取交換生或獎補助之機會，將有助於其未來就業時，獲取較高的平均薪資。

　　此外，關於交換生及獎勵生是否比其他學生較快找到第一份工作方面，如表6所示，分析結果顯示曾於本校從事交換之學生，其畢業一年後約一個月內找到第一份工作時間，相較於其他學生之比例為高；然而，對於本校有獲得獎補助之學生而言，其畢業一年後找到第一份工作時間，相較於其他學生並無顯著較快。因此，此分析結果獲知，學生於學習期間，若能積極爭取交換生之機會，將有助於其畢業後較快找到工作。

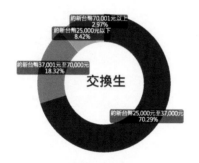
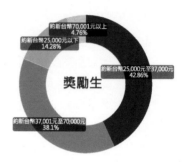

平均月薪資	畢業一年_ 其他學生	畢業一年_ 交換生	畢業一年_ 獎勵生
約新台幣25,000元 以下	13.51%	8.42%	14.28%
約新台幣25,000元 至37,000元	65.23%	70.29%	42.86%
約新台幣37,001元 至70,000元	19.02%	18.32%	38.10%
約新台幣70,001元 以上	2.24%	2.97%	4.76%

圖3　本校交換生及獎勵生之平均月薪資（畢業一年後）

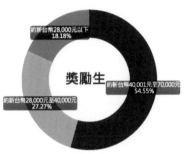

平均月薪資	畢業三年_ 其他學生	畢業三年_ 交換生	畢業三年_ 獎勵生
約新台幣28,000元 以下	13.47%	14.86%	18.18%
約新台幣28,000元 至40,000元	56.99%	58.12%	27.27%
約新台幣40,001元 至70,000元	26.54%	22.97%	54.55%
約新台幣70,001元 以下	3.00%	4.05%	0.00%

圖4　本校交換生及獎勵生之平均月薪資（畢業三年後）

表6　交換生及獎勵生畢業一年後找到第一份工作時間

找到第一份工作時間	畢業一年_其他學生	畢業一年_交換生	畢業一年_獎勵生
畢業前已有專職工作	15.11%	9.91%	17.39%
約一個月內	36.85%	37.39%	21.74%
約一個月以上至兩個月內	18.13%	16.22%	8.70%
約兩個月以上至三個月內	11.50%	9.91%	13.04%
約三個月以上至四個月內	5.74%	9.01%	17.39%
約四個月以上至六個月內	4.46%	9.01%	0.00%
約六個月以上	8.22%	8.56%	21.74%

　　另外，關於本校交換生及獎勵生畢業一年後及畢業三年後就業於國外比例方面，如表7及表8所示。分析結果顯示曾於本校從事交換生或有獲得獎補助之學生畢業一年後或畢業三年後，其就業於國外之比例，均較於其他學生高。因此，從此分析結果獲知，學生於學習期間，若能積極爭取交換生或獎補助之機會，將有助於其未來於國外之就業力。

表7　交換生及獎勵生畢業一年後就業於國外比例

地區別	畢業一年_其他學生	畢業一年_交換生	畢業一年_獎勵生
臺灣	96.95%	90.09%	91.30%
亞洲（香港、澳門、大陸地區）	1.28%	3.15%	8.70%
亞洲（香港、澳門、大陸地區以外國家）	1.00%	5.86%	0.00%
北美洲	0.14%	0.00%	0.00%
中美洲	0.00%	0.45%	0.00%
南美洲	0.03%	0.00%	0.00%
歐洲	0.11%	0.00%	0.00%
大洋洲	0.49%	0.45%	0.00%
非洲	0.00%	0.00%	0.00%

表8　交換生及獎勵生畢業三年後就業於國外比例

地區別	畢業三年_其他學生	畢業三年_交換生	畢業三年_獎勵生
臺灣	97.03%	87.21%	84.62%
亞洲（香港、澳門、大陸地區）	1.38%	1.16%	15.38%
亞洲（香港、澳門、大陸地區以外國家）	0.79%	10.47%	0.00%
北美洲	0.29%	0.00%	0.00%
中美洲	0.00%	0.00%	0.00%
南美洲	0.04%	0.00%	0.00%
歐洲	0.13%	1.16%	0.00%
大洋洲	0.32%	0.00%	0.00%
非洲	0.02%	0.00%	0.00%

　　其次，關於國際交流是否有幫助於畢業後找工作、創業或自我生涯發展方面，如圖5及圖6所示，分析結果顯示畢業一年後與畢業三年後，學生認為於學習期間從事國際交流活動，將有助於其畢業後找工作、創業或自我生涯發展。因此，此分析結果獲知，學生於學習期間，若能積極爭取交換生、移地教學或國外實習等國際交流之機會，將有助於其未來找工作、創業或自我生涯發展。

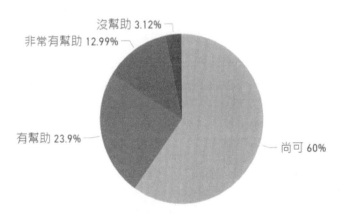

圖5　國際交流是否有幫助於畢業後找工作、創業或自我生涯發展
（畢業一年後）

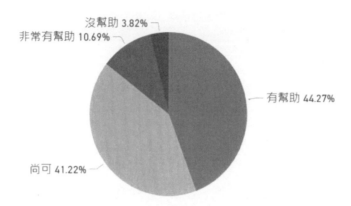

沒幫助 3.82%

非常有幫助 10.69%

有幫助 44.27%

尚可 41.22%

**圖6　國際交流是否有幫助於畢業後找工作、創業或自我生涯發展
（畢業三年後）**

　　如上所述，本校已於全球38個國家地區，與超過約400所學校締結姊妹校，開啟交流多元眼界，於擁有姊妹校國際資源與支持下，對本校學生實現國際化目標實為利多。為推展國際化，本校不僅用心發展傳統中華文化，對於汲取西方文明進化，亦為同時並進，因此，本校大力推動國際化三支箭，國際化第一支箭：「短期出國研修」，鼓勵學生打開世界觀點，打造更強競爭力，並針對體育、舞蹈、音樂等特殊才能弱勢學生提供獎勵補助。第二支箭則為「學制改革」，除「五年一貫制」讓學生更快攻取碩士學位進入職場，並規劃國際姊妹校「雙聯學位」選擇，加拿大姊妹校，甚至可在完成必修學分、通過實習門檻後，提供在國外的就業機會。第三支箭為「無國界實習」，讓理論和實務結合，領薪實習無經濟壓力，輕鬆增廣見聞。

　　再者，為增廣學生國際視野，本校連續2年爭取到「日本One Asia財團講座計畫」，以落實亞洲共同體為理念，One Asia財團資助學校開設課程，邀集世界第一線東亞學學者前來授課，透過教育探討亞洲共同體實現的可能性，文化大學並訂為通識課程，希望所有

學生都能參與。本校更費心設立「華岡大講堂」，邀請世界政經文教、建築、藝術等各界大師出任講師，提升學生人文素養與文化大學學術地位。成立以來，講師包括：台大黃俊傑教授，韓國建國大學閔相基校長，日本長崎大學河野茂校長，弘前大學佐藤敬校長，德川博物館德川齊正理事長，2020年元月邀請到東京奧運主場館設計人，世界建築大師隈研吾教授主講「森林時代」。未來預計登場的有一位是諾貝爾獎得主，讓學生親炙世界級大師學術風采。

總之，人文社會科學為本校永續基石，面對科技時代，以數位化翻轉教學效果勢在必行，本校每年投入經費進行建置，預計將在五年內完成。本校遍佈全球超過27萬校友，不但用心資助學校，更主動提供學生許多就業機會，希望於國際化腳步下，能培育更多傑出校友，不僅協助學校教育，更能對社會有所貢獻。

二、增進「學用合一」以提升學生「就業力」

過去許多研究已發現就業力與就業之間呈現高度正相關，亦即，畢業生具備愈高的就業力，其獲取良好的工作機會愈大，於職場之表現亦愈好。因此，於少子化與就業市場日益嚴峻之下，大學畢業生之就業情況備受各界關注，國內大專校院亦多將學生就業力議題視為校務發展重點之一。國內各大專校院於提升學生就業力方面，已持續發展或設計出許多創新之作法，諸如：國際交流、產業實習、業師協同教學及跨領域課程等，已得到初步的成果。然而，這些提升就業力之作法，能否發揮其功效，除了需設計一套調查或評估機制，掌握具體成效外，更需要的是發展產學之間之對話機制，動態且有效地納入國際趨勢與產業觀點，使培育的就業力能符合國際趨勢及產業需求。

於2020年，1111人力銀行公佈企業最愛大學評比之調查結果，其中，企業用人最重要為「熱誠與抗壓能力」，其次為「溝通與合

作能力」。然而，根據過往詢問企業聘僱本校校友之原因時，幾乎半數的企業認為乃因本校校友的「專業能力與知識佳」與「主動積極有企圖心」，可見學校對於專業能力的教育獲企業青睞，學生於面試或工作時，亦能展現其主動積極之態度，吸引雇主進而聘僱。再者，企業針對本校畢業校友各項工作表現進行滿意度評估後，發現以「職場倫理與道德操守」的滿意度最高，其次則為「團隊合作」；另外，「國際觀與外語能力」則為滿意度最低的項目，因此，未來於教學與訓練上，可針對學生的語文能力進行加強，輔導學生考取語言證照，並且結合相關產業的國際市場知識與專業性詞彙，加強學生的國際觀，協助了解國際市場趨勢，增進語文核心能力。另外，亦可透過本地學生與國際學生的交流互動、提供交換學生機會等方式，改善學生的外語學習環境。

肆、結論與討論

　　文化大學致力國際臺灣研究與人才培養，並積極推動國際化教育，不僅超過400所國際姐妹校，更和歐盟歐洲文化之都締結產學文化教育聯盟，推動亞洲與歐洲城市產官學協作創新，師生走進產業社會協助地方創生，發表台日大學地方創生案例及聯合國永續發展教育行動方案。

　　國際產學發展及創新教育為本校校務特色發展重點之一，推動國際產學聯盟對於國際學術合作研究發展、教育創新、產業價值及社會公益發展都有實質帶領作用及成果。為協助培養學生國際競爭力與就業即戰力，並讓教授的專業研發成果有更多實踐機會，文大整合校級研究平台和國際產學聯盟，響應政府政策搭建了從創意、創客、到創造市場價值的三創教育與創新實踐教育生態系。師生團隊更是走出教室在週日自發行動組成跨學院及跨領域團隊，和來自臺灣各地的小農及地方產業共創價值合作推廣MIT臺灣之善益經

濟，如圖7所示。此為國際產學的創新實踐教育，亦為種樹又種林之國際領導人才教育。

本校已有師生專題團隊參與跨領域創新成果發表。文大國際產學聯盟國際城市發展學術文化交流，為文大領先型校級計畫，推動國際跨域發展及校內整合有顯著成果並引領師生團隊走進社會展現向心力。青年學子獲得從演講座談到企業及社會見學，並走進地方創生落實學校所學及產業應用實踐，不僅深具教育意義，從學生的熱烈參與反應亦可見其成效。

另外，響應國際創新創業教育與大學社會責任，本校研發處和臺科大酷點校園簽署國際產學合作協議，共同整合兩校和全球校友的創意和創業資源，結合教育部、科技部和國發會之國際產學發展及地方創生計畫，鼓勵在校師生積極走向產業和社會，實現大學創意市場化和造福社會弱勢之理想。文大長期響應教育部辦理全國大學創新創業教育並輔導大學新創產品，此次與臺灣夥伴大學品牌通路及跨境電商結盟更加強了商業創新與社會企業教育的實踐力。

再者，本校已與2019歐洲文化之都義大利Matera市簽署合作，文大素以弘揚中華文化為教育理念並深耕國際化教育，亞洲地區共有315所姐妹校（含中國大陸196所），歐洲地區共有54所姐妹校，是豐富蘊涵文化素養且多元發展的綜合大學，設有13個學院、11個研究中心及全國規模最大的推廣教育部。國際產學發展及創新教育是校務特色發展重點之一，校務發展計畫兼具人文與創新，相信可以扮演國際跨領域教育的推手，讓國際產學聯盟對於學術研究發展、教育創新發展、產業價值發展都有實質帶領作用及成果。未來將持續創造知識資產、以教育厚植人力資本、以產業實踐和社會關懷發揮正向影響力。

此外，臺灣當前大學校務經營面臨之挑戰，主要為於在社會對於大學校院的期望高，以及臺灣少子化問題，如此致使高等教育面臨國內外競爭、搶優秀的老師與學生之情況愈見嚴峻；因而於校

務行政人員全面精簡下，資訊人力相對短缺，經費亦為緊縮，但服務及工作的項目卻日益擴增。因此，各大專院校必定要持續精進「數位化校心能力－Digital Pivots」、有效地運用大學之資訊及技術之外，更不可或缺的是合適的領導者（Leadership）及組織內數位化的思維模式（digital mindset），這二者缺一不可！然而，數位轉型之意義在於：資訊科技information Technology、服務Service、價值Business Value、人才Talent四項，其中於策略上的數位任務為強化學生之參與度及現代化、強化組織的資金及與企業聯盟間之關係、教授研究與授權的擴充性，以及打造一個未來的、安全的、健康的校園藍圖；簡言之，校際的數位化是硬實力，師生與教職員的專業力與正確的態度更是成敗的關鍵。

　　總之，臺灣高等教育處於內部及外部諸多之困境下，建立完善之校務系統並妥善運用之有其必要性。具體而言，校務研究人員如何運用校務資料及科學的研究方法，以獲取有價值的研究成果，爾後提供實徵資訊，協助與支援校內各級主管做決策。因此，校務研究並無終點，借用科學化之調查，並且以實徵資料為依據之決策文化，如此將能改進學校辦學方式，同時有效地回應學生需求及社會期待。

華岡創新與產業實踐走進地方社會

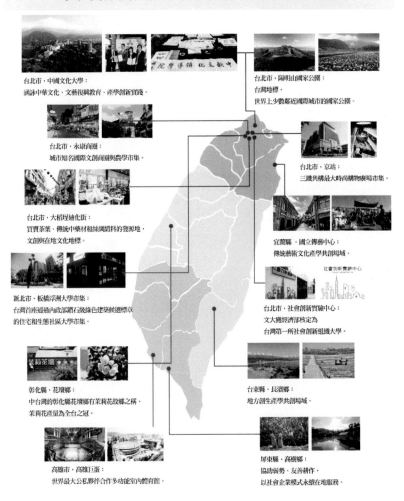

台北市，中國文化大學：
涵詠中華文化、文藝復興教育、產學創新實踐。

台北市，陽明山國家公園：
台灣地標，
世界上少數鄰近國際城市的國家公園。

台北市，永康商圈：
城市知名國際文創商圈與農學市集。

台北市，京站：
三鐵共構最大時尚購物廣場市集。

台北市，大稻埕迪化街：
買賣茶葉、傳統中藥材和絲綢織料的發源地，
文創與在地文化地標。

宜蘭縣，國立傳藝中心：
傳統藝術文化產學共創場域。

新北市，板橋浮洲大學市集：
台灣首座通過內政部鑽石級綠色候選標章
的住宅和生態社區大學市集。

台北市，社會創新實驗中心：
文大獲經濟部核定為
台灣第一所社會創新組織大學。

彰化縣，花壇鄉：
中台灣的彰化縣花壇鄉有茉莉花故鄉之稱，
茉莉花產量為全台之冠。

台東縣，長濱：
地方創生產學共創場域。

高雄市，高雄巨蛋：
世界最大公私夥伴合作多功能室內體育館。

屏東縣，高樹鄉：
協助弱勢、友善耕作，
以社會企業模式永續在地服務。

圖7　華岡創新與產業實踐走進地方社會

參考文獻：

李建興（2019），私校、科大教學表現翻升　醫理工大學產學績效突出，遠見雜誌（2019臺灣最佳大學排行榜），10-22。

遠見天下文化出版股份有限公司（2019），2019《遠見》全台大學評鑑出爐[線上資料]，來源：https://education.gvm.com.tw/rankings/2019/。

社團法人臺灣評鑑協會（2020），TWAEA 2020大學新生學習適應調查報告，未出版。

1111人力銀行（2020），落點分析　職場新鮮人評比[線上資料]，來源：https://hs.1111.com.tw/collegeFavorit2.aspx。

李侑珊（2019年12月10日），文大力推國際產學創新　促城市文化交流與地方創生，旺報[線上資料]，來源：https://www.chinatimes.com/realtimenews/20191210002116-260405?chdtv

campus編輯室（2019年4月15日），文化大學和臺科大酷點校園國際產學結盟，中時新聞網[線上資料]，來源：https://campus.chinatimes.com/20190415001263-262301

學生學習歷程及就業發展之關聯探討

玄奘大學研究發展處研發長
蔡耀弘

玄奘大學研究發展處校務研究中心
涂博理

壹、前言

　　近年來人口出生率逐漸下降，導致許多大專院校因為少子化的影響，進而整併、轉型、退場等，各院系所未來發展面對著莫大的挑戰，不論是培育模式、方法、或是需求供給，都是必須審慎解決的重要問題。面對這些問題該如何找出有效的應對方式，並且能夠提供學生最好的環境並指引未來方向，乃至提供校方正確的資訊，作為支持決策形成的重要資料依據，這些都是形成當今校務研究領域蓬勃發展的原因。

　　自玄奘大學校務研究中心成立以來，致力於協助各單位分析資料，提供業務決策的數據參考。透過事實資料，如學生學習、生活、就業等面向進行分析，描繪大學生學習發展歷程，並將分析所得資料回饋給教學單位，提供教師學生的學習樣貌與成效。同時作為教學方向調整、教學創新與課程改革等重要依據，其中以學生學習乃至就業發展等一系列發展歷程，更是校務研究一直以來目光的

焦點。因此我們致力於發展如何檢視與驗收學生實際的學習狀況及成效的方法，了解學生經由學習所引發的變化。例如透過檢視學生經由學習的歷程後，是否獲得學習成就、特質、能力等改變，藉此評估學生學習成效，此做法也和目前主流教育研究成果的想法一致（劉興郁、蔡瑞敏，2006）。

本文將以追蹤的方式觀察學生入學時所具備的先備特質、大學期間學習歷程及學生畢業後的職涯發展。藉由UCAN資料、畢業流向調查結合校務資料庫，透過分析了解學生的興趣適配程度、家庭背景等，對學生學習成效之間的關聯。根據分析結果發現學生的興趣適配度與學習成效未達顯著差異，家庭背景（弱勢與一般生之間比較）發現家庭背景對學生學業成就之間具有顯著差異，弱勢生在學業成績與不及格學分數的表現相較一般學生差。然在比較畢業後學生學系與職業之間的學用關聯程度，發現弱勢生在畢業後第一、三年間弱勢生的學職轉銜值顯著高於一般生，而在自我評估的學用相符值則是在畢業後第五年時一般生顯著高於弱勢生，並且由縱貫角度分析學生從入學、大學學習歷程乃至畢業後職涯發展，並將分析資料適時提供給學系參考，幫助學系了解學生特質與樣貌，依此作為課程安排與教學方式調整的方向。

貳、學生學習成效分析

學習成效是衡量學生學習情形的重要觀測依據，然而該如何有效地檢視學生學習成效，或學習成效受到哪些因素所影響等相關議題，一直以來都是教育界所關注的焦點。因此本校進行校務研究分析，從學生先備特質，如家庭背景、職業興趣、性別等因素，結合學生在校學業表現等學習歷程資料串接分析，探討學生在學習過程中受到哪些因素所影響。

一、學生職業興趣與學系適配度對學習成效的影響

（一）學生與學系之適配情形

　　為了了解學生的職業興趣是否能夠與學系設定的職涯發展目標相互吻合，使學生能夠有更好的學習成效，本研究將學生職業興趣荷倫碼（Holland code）與學系進行配對，並且融入人境適配的概念，分析學生是否會因職業興趣與學系之間的契合度，影響學生學習成效的表現。職業興趣荷倫碼是根據John Holland（1959）所提出的職業興趣理論，個體會偏好與自身個人特質相似的職業，因此透過學生職業興趣分數可得知在六種不同的職業興趣分布，分別為實用型（Realistic）、研究型（Investigative）、藝術型（Artistic）、社會型（Social）、企業型（Enterprising）與事務型（Conventional），並以R、I、A、S、E、C這六個字母之編碼稱為荷倫碼（Holland Code）。研究中以102級學生在大一新生甫入大學所施測的職業興趣Holland code與學系進行配對，獲得下圖1和表1的結果。表1整理出各學系學生職業興趣的前三名，根據分析結果顯示相同學系學生的職業興趣同質性相當高，且與學系性質相互吻合。圖1顯示各學院學生職業興趣荷倫碼所呈現的雷達圖，根據雷達圖的趨勢社會學院學生在職業興趣荷倫碼中以社會型為最高，而設計學院則偏向藝術型。換言之本校學生的職業興趣確實與學系乃至學院的性質能夠相互匹配。

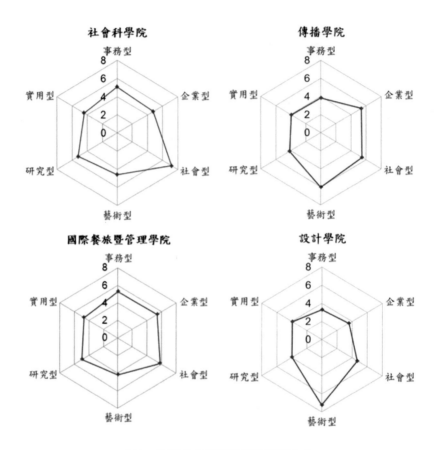

圖1 各學院之職業興趣荷倫碼分佈

資料來源：涂博珵（2017）。「大學生職業興趣、人境適配度對不同科系學生學習成效
之影響」。

表1 各學系職業興趣前三名

職業興趣排名 學系	第一			第二			第三		
	類型	平均數	標準差	類型	平均數	標準差	類型	平均數	標準差
1. 大眾傳播學系	藝術型	6.24	2.786	企業型	5.67	3.044	社會型	5.53	2.818
2. 企業管理學系	企業型	5.76	3.389	事務型	5.58	3.225	社會型	5.48	3.226
3. 宗教與文化學系	社會型	6.72	3.635	藝術型	5.40	3.202	研究型	5.32	2.626
4. 法律學系	社會型	5.59	3.032	事務型	5.36	2.779	研究型	4.96	2.530
5. 社會工作學系	社會型	9.15	2.161	企業型	5.42	2.437	事務型	5.17	2.806
6. 時尚設計學系	藝術型	7.34	2.454	社會型	5.17	2.804	企業型	4.69	3.001
7. 視覺傳達設計學系	藝術型	7.32	2.628	社會型	4.60	3.177	實用型	4.07	2.261
8. 資訊管理學系	研究型	6.95	3.379	實用型	6.65	2.739	社會型	5.95	2.819
9. 廣播與電視新聞學系	社會型	5.58	3.086	藝術型	5.44	3.293	企業型	5.10	3.177
10. 影劇藝術學系	藝術型	6.19	2.416	社會型	5.44	2.862	企業型	4.94	2.758
11. 應用心理學系	社會型	7.21	2.747	研究型	5.71	2.865	事務型	5.01	3.222
12. 應用外語學系	社會型	6.06	3.141	藝術型	5.34	3.460	事務型	4.69	3.105
13. 藝術與創意設計學系	藝術型	6.44	2.722	社會型	4.70	3.099	研究型	4.56	2.806

資料來源：涂博珵（2017）。「大學生職業興趣、人境適配度對不同科系學生學習成效之影響」。

（二）學生與學系職業興趣適配度對學習成效之影響

　　透過職業興趣適配度與大學生在學期間各學期平均成績分析，其結果以年級排名除以年級人數的百分比呈現，當此百分比越小時表示學生的表現越好。本研究以此做為大學學業成效表現之觀測變項，了解不同職業興趣適配度是否會對學生學習產生影響。分析結果發現學生的職業興趣適配度與各學期成績百分比之間的相關係數皆未達顯著相關（$p > .05$），但經由四分位數分組成高適配度、中高適配度、中低適配度及低適配度等不同分組觀測各學期學習成效表現，則可看出部分有趣的現象，如圖2所示。圖中發現中高適配之學生在前六學期的學期平均成績百分比，都比其他分組的表現較佳，且高適配之學生各學期成績表現也較中低適配或低適配之學生優秀，唯第三學期呈現被中低適配之學生超越的狀況，而且在第七學期後，高適配之學生學習表現為各分組表現最佳者。另外值得注意的是在第三、四學期，中低適配或低適配之學生在此時的學習表

現屬於最佳的狀況，但相對一直表現都不錯的中高適配學生，則在第四或第五學期之後開始呈現反轉，表現不如第一學期的情況，且在第四學期之後所有適配度的分組皆開始呈現反轉的現象（涂博珵，2017）。

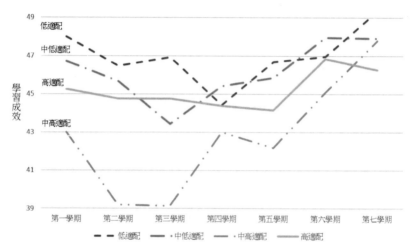

圖2　選讀學系適配度相對於各學期學習成效表現之曲線圖

資料來源：涂博珵（2017）。「大學生職業興趣、人境適配度對不同科系學生學習成效之影響」。

（三）結果與討論

依據研究結果發現各學院學生荷倫碼（Holland code）都有明顯的偏好傾向，如社會科學院學生較為偏好社會型，設計學院則藝術型較為突出，而傳播學院則偏向藝術型、社會型、企業型等三碼，管理學院偏好於企業型及社會型。

從圖2中的學生學習成效整體趨勢來看，發現在各項興趣適配度分組學習成效表現最佳的時期集中在第二與第三學期，之後則逐漸變差。此現象與過往研究結果相符，學生學習動機會隨著年級改

變而逐漸下降（李勇輝，2017）。推論學生在學習的過程中，學習需求獲得滿足。尤其在畢業前夕，學生已滿足大部分畢業門檻的學分數，內外部動機皆已下降，重心轉移到未來就業的發展，因此相對投注在課業上的心力比較少，而導致表現不如預期。

職業興趣適配度與各學期學習成效進行相關檢定後，發現興趣適配度與學習成效之間，並未有任何顯著相關，其可能原因是受到所用變項為個人興趣適配度與學系課程成績排名進行相關統計分析，不同於過往單一科目與單一時間點，係屬跨時間與跨學科之研究（涂博理，2017）。本研究觀察學生在大學七個學期的職業興趣與學習成效的整體關聯性，但是學生可能會因為修業門檻之要求，未必會依照興趣選擇課程，如心理學系必修心理統計學，或是為湊滿通識課程學分搶修沒興趣的課程等，這些因素都有可能影響學生修課的表現，進而抵銷了學習成效上的統計效果。陳舜文與魏嘉瑩（2013）在針對華人學習動機的研究中提到，雖臺灣有近半數大學生對所就讀的學系不滿意，但華人學生會因角色義務而努力學習，追求學業有好的成就表現，即便興趣與內在動機不高，亦會為了達到高學習成就而努力。亦即環境與學生興趣之間的適配性即便不佳，學生也有可能為了追求學習成就而有較佳的學習表現。

二、家庭背景對學習歷程和學用關聯之影響

家庭背景會影響一個人的人格特質與未來發展，從環境資源到精神層次氛圍絕對是邁向成功過程中的關鍵因素，因此家庭背景很容易不斷地重演歷史循環，如何能有效翻轉家庭背景在社會中的階級並改善弱勢家庭的困境，是一個健全社會必須積極面對的問題。教育經常被視為翻轉社會階級的重要途徑之一，過去教育部藉由廣設大學藉此提升國民素質並幫助社會階級流動，此作法順利讓整個世代的年輕人都可以進入大學校園就讀，進而在四年後披上學士

袍。但廣設大學的結果卻也造成一般大學學歷貶值，反而令頂尖大學的光芒更加耀眼，社會階級門檻更加難以跨越。這種情況使得資源本就相對缺乏的弱勢學生，縱使辛苦勉強地完成大學學業，隱含在他們身上的社會階級卻未必因此順利翻轉，因為學歷已經不是他們翻轉社會階級的萬靈丹，積極在大學中獲取適當的專業能力才是最務實的方法。

　　玄奘大學依據校務資料發現經濟不利之弱勢生的比例約占28%之多，表示如何加強弱勢學生的學習輔導是本校必須要加以重視的重要議題。因此這些年來校務研究中心藉由校務資料，了解弱勢學生在經由大學學習之後，是否能夠在職場上發光發熱，達到學以致用、學用相符的目的，進而達到反轉社會階級之成效。本研究將以弱勢學生與非弱勢的一般生作為分析主要對象，並以學生在畢業時的畢業總平均成績和不及格學分數為因素，結合畢業流向調查中的學用相符題項，釐清學生在學與用之間的關聯。

（一）弱勢學生與一般學生之大學學習

　　依玄奘大學校務資料庫中學生家庭背景，我們將歷屆學生區分為一般學生與弱勢學生，弱勢的種類包含中低收入、弱勢助學、身心障礙、特定族群、經濟不利等，進行學業成就分析。由學生之社經地位特質分組觀察結合畢業生畢業總平均成績得知（表2），畢業總平均成績會因為學生的家庭社經地位特質而有顯著差別，而弱勢學生的學生畢業成績比一般學生低，亦即畢業成績與學生的社經地位特質有關。

表2　畢業成績之分組比較（社經地位特質）

	人數	平均值	標準差	Levene	顯著性	F	顯著性
一般學生	14180	71.95	15.438				
弱勢學生	2951	68.65	16.974	81.132	.000	107.480	.000
總計	17131	71.38	15.762				

以社經地位特質分組，觀察在學期間不及格的學分數後，我們發現在學期間不及格學分數會因為學生的社經地位特質而有顯著差別（表3），而弱勢學生的學生不及格學分數比一般學生多，亦即不及格學分數與學生的社經地位特質有關。

由上述分析可看出，弱勢學生與一般學生在學習方便表現上確實存在差異。對於學生而言，在經濟獨立之前家庭背景的影響是仍然是十分深遠的。

表3　在學期間不及格學分數之分組比較（社經地位特質）

	人數	平均值	標準差	Levene	顯著性	F	顯著性
一般學生	15774	18.32	19.400				
弱勢學生	4627	22.72	21.816	127.922	.000	173.378	.000
總計	20401	19.32	20.058				

（二）弱勢學生與一般學生之學用關聯比較

在弱勢學生與一般學生的學用關聯比較中，系採用103年到107年調查1、3、5年畢業生流向調查與校務資料庫結合，分別兩個不同面相指標作為分析，因屬於客觀指標與自評主觀指標之間，進行觀測學生在學用之間的變化情形，故樣本數量受到學生填答率與次級資料庫串接緣故，兩項指標的樣本數量而有差異。

1.學職轉銜與學用相符

學職轉銜是指學系經由系務會議評定學系所培養學生與職業之間的對接情形（學職轉銜為1~5分，分數越高表示與學系轉銜程度越高）後，透過畢業生流向學生職業類別資料，串接得到學生學職轉銜程度分數。由表4可看到學生畢業後1~5年間平均分數介於2.33~2.55之間，表示學生職業類型與學系期待的職業類型略有差異。

表4　學職轉銜情形

	人數	平均數	中位數	標準差	範圍	最小值	最大值
第一年內轉銜值	5344	2.55	2.33	.962	4.00	1.00	5.00
第三年內轉銜值	6709	2.49	2.33	.959	4.00	1.00	5.00
第五年內轉銜值	6392	2.33	2.14	.931	4.00	1.00	5.00

　　學用相符則是學生透過畢業流向調查相關題項，其中包含專業相符程度與系所相符程度等題目，將兩者相加後平均所得分數。

表5　學用相符情形

	人數	平均數	中位數	標準差	範圍	最小值	最大值
第一年學用相符值	2331	3.11	3.00	1.019	4.50	0.50	5.00
第三年學用相符值	2239	3.25	3.50	0.921	4.00	1.00	5.00
第五年學用相符值	296	3.66	3.50	0.837	4.00	1.00	5.00

2. 學職轉銜與家庭背景

　　首先以學生家庭背景之社經地位特質分組，觀察畢業生畢業後第一年之學職轉銜情形。由分析資料可知（表6），畢業後第一年內學職轉銜情形會因為學生的社經地位特質而有顯著差別（$p < .05$），而一般學生平均轉銜情形比弱勢學生低；亦即畢業後第一年之學職轉銜情形與學生的社經地位特質有關。如表5所示，學生畢業後1~5年間學用相符平均分數介於3.11~3.66之間，由此可看到在學用相符的評分上學生有逐年成長的傾向。

表6　畢業後第一年學職轉銜之分組比較（社經地位特質）

	人數	平均值	標準差	Levene	顯著性	F	顯著性
一般學生	4580	2.53	0.96	1.244	.265	10.128	.001
弱勢學生	764	2.65	0.98				
總計	5344	2.55	0.96				

接下來以社經地位特質分組，觀察畢業生在畢業後第三年之學職轉銜情形。由分析資料可知（表7），畢業後第三年內學職轉銜情形會因為學生的社經地位特質而有顯著差別（$p < .05$），而一般學生平均轉銜情形比弱勢學生低；亦即畢業後第三年之學職轉銜情形與學生的社經地位特質有關。

表7　畢業後第三年學職轉銜之分組比較（社經地位特質）

	人數	平均值	標準差	Levene	顯著性	F	顯著性
一般學生	5727	2.48	0.96				
弱勢學生	982	2.56	0.96	0.109	.741	6.179	.013
總計	6709	2.49	0.96				

最後以社經地位特質分組，觀察畢業生畢業後第五年之學職轉銜情形。由分析資料可知（表8），畢業後第五年內學職轉銜情形不會因為學生的社經地位特質而有顯著差別（$p > .05$）。

表8　畢業後第五年學職轉銜之分組比較（社經地位特質）

	人數	平均值	標準差	Levene	顯著性	F	顯著性
一般學生	4932	2.33	0.93				
弱勢學生	1460	2.33	0.95	1.921	.166	0.011	.918
總計	6392	2.33	0.93				

由以上分析結果可知，在大學畢業生之學職轉銜情形中，社經地位特質僅在畢業後第一年到第三年間弱勢學生學職轉銜高於一般學生。此外，學職轉銜在畢業後的各年之間具有正相關情形，且畢業第三年學職轉銜會高於畢業第五年。過去也有研究成果顯示，學生畢業後第一年的就業情形會受到家庭背景所影響（蕭佳純，2009）。換言之雖家庭經濟背景會影響到學生職涯的選擇，但隨著時間的推移與自我的努力，到了第五年之後弱勢生的學職轉銜值便與一般學生無明顯差異。

3.學用相符與家庭背景

首先以社經地位特質分組，觀察畢業生畢業後第一年之學用相符情形。由分析資料可知（表9），畢業後第一年之學用相符情形不會因為學生的社經地位特質而有顯著差別（$p > .05$）。

表9　畢業後第一年學用相符之分組比較（社經地位特質）

	人數	平均值	標準差	Levene	顯著性	F	顯著性
一般學生	1994	3.11	1.01				
弱勢學生	337	3.12	1.06	1.458	.227	0.090	.764
總計	2331	3.11	1.02				

接著以社經地位特質分組，觀察畢業生畢業後第三年之學用相符情形。由分析資料可知（表10），畢業後第三年之學用相符情形亦不會因為學生的社經地位特質而有顯著差別（$p > .05$）。

表10　畢業後第三年學用相符之分組比較（社經地位特質）

	人數	平均值	標準差	Levene	顯著性	F	顯著性
一般學生	1927	3.25	0.92				
弱勢學生	312	3.24	0.90	.455	.500	0.059	.808
總計	2239	3.25	0.92				

最後以社經地位特質分組，觀察畢業生畢業後第五年之學用相符情形。由分析資料可知（表11），畢業後第五年內學用相符情形會因為學生的家庭社經地位特質而有顯著差別，而一般學生畢業生平均學用相符高於弱勢學生畢業生，亦即畢業後第五年之學用相符情形與學生的社經地位特質有關（$p < .05$）。

表11　畢業後第五年學用相符之分組比較（社經地位特質）

	人數	平均值	標準差	Levene	顯著性	F	顯著性
一般學生	255	3.71	0.83	.356	.551	6.376	.012
弱勢學生	41	3.35	0.83				
總計	296	3.66	0.84				

　　由上述分析可知弱勢學生與一般學生之間所感受到的學用關聯情形是有所差異的，以學系所評定之學職轉銜值而言可知，弱勢學生在畢業後的1、3年間的學職轉銜值都比一般學生表現還要好，且統計達顯著水準，畢業後第五年則無差別。但是以學生自評的學用相符值來看，卻又發現學生在畢業後1、3年並無顯著差異，而是在畢業第五年時達統計顯著差異。總體而言學生自評的學用相符與系所評定之學職轉銜兩者之間，可能因學生的自我感受對上學系教師的專業認知上有所不同，而造成兩個指標間的落差，詳細原因將於後文中討論。

（三）結論與討論

　　在了解家庭背景對學習歷程和學用關聯之影響後，學校應該對於這個問題提出有效的改善策略，當然弱勢家庭問題有絕大部分來自於經濟弱勢，該如何有效幫助學生避免擔心經濟壓力問題專注於在校學習，遂成為校務研究中心的研究議題。觀察本校弱勢學生之後，確實以家庭經濟弱勢學生佔大多數，而且本研究發現弱勢學生相較一般學生在畢業總平均成績表現相對較差。過去研究文獻發現弱勢學生可能因為個人家庭或經濟因素而影響到教育（鄭英耀、方德隆、莊勝義、陳利銘、劉敏如，2015）。弱勢學生在求學過程中，因為家庭經濟壓力而需要外出打工，使之相對在課業學習的時間減少而造成成績下降（劉若蘭、蔡昕璋、李育齊，2016）。同時研究中也發現在學期間不及格學分數也是一般學生相對較低。弱勢學生在學習能力上未必會比一般非弱勢學生來得低，但弱勢學生受

到外在因素條件所限，而在學習表現上相對較弱。此外弱勢學生進入大學前因受到家庭經濟因素影響，使之學生對於學系的選擇多了一層考量，且高中制度與大學學習型態差異巨大，令學生轉換的過程中需要更多的心力去調整適應，同時需要自我管理生活及學習的經費，甚至必要時須回饋補貼家庭經濟，因此對於課業方面學生需要較高的自我要求，另外弱勢學生因受家庭環境影響而習慣獨立解決問題，對於人際支持期待並不高，而未來生涯規劃也較傾向就業安定，所以學校方面該如提供切實的支持與幫助則顯得更為重要。

相較一般學生，大部分因經濟困難所影響的弱勢學生，他們不僅要兼顧課業，打工時數更是占據了生活的大半時間。在課業與打工之間來回奔波使得他們顧此失彼，再加上經濟是急迫性的需求，讓天平經常傾向另一端，無法專注學業之上。因此該如何幫助學生解決經濟所需，又必須兼顧到課業時間，這是校方所急需要解決的問題。本校在近年依據校務研究分析結果所示，擬定助學獎勵計畫幫助學生，以在校見習的方式，鼓勵學生於校園中工作學習，有效串聯課餘零碎時間，並獲得適當的經濟扶助降低經濟壓力，減少在校外打工時的潛在安全性風險。因此於107年度本校訂立「玄奘大學見習暨實習助學津貼辦法」增加學生於校園與師長、同儕之互動，學校提供弱勢學生學習機會。並於108年度進行「玄奘大學弱勢學生獎補助辦法」法規新增，此辦法由4大類獎學金新增為8大類獎學金。透過「玄奘大學弱勢學生獎補助辦法」，輔導弱勢學生，並調查學生對校內提供的資源與輔導機制之成效滿意度平均達3.92（五點量表），輔導機制深受學生肯定。

從學用關聯方面則可以看出弱勢學生與一般學生，在學系指標學職轉銜和自評指標學用相符上結果比較的差異。弱勢學生在學系指標學職轉銜方面，畢業後1、3年間所選擇的職涯方向，轉銜程度相對較一般學生低，但以學生自評的指標而言兩者之間卻是沒有差

異的。換言之，此情況或許是弱勢學生一開始因經濟壓力而選擇與學系所預期方向不同的職業。另外學生未必覺得自己學與用之間有所落差的原因，可能是弱勢學生相對在工作接受程度較高，並能夠盡力發揮所學技能落實到工作當中。反倒是在畢業後第五年學生自評的學用相符值產生差異，這或許是在第五年之後就業狀況趨於穩定，因選擇職涯發展的方向不同，而使學生之間的感受出現變化。

參、校務研究在學生就業與發展之應用

本中心將校務資料庫結合學生畢業流向調查、UCAN職業興趣，分析學生經由大學學習後，是否能在職場上有效發揮所學專長，並且能夠促進社會階級流動。以下將依據校務研究分析結果逐一探討。

一、畢業生流向追蹤與UCAN職業興趣

在教育部的大力推動下，目前國內多所大學都在進行校務研究（校務研究網站；何希慧，2015；Howard，2012），大一與大四學生都會進行UCAN共通職能診斷的普測，普測結果除了讓學生知道自己的共通職能表現是否成長；學校也能將數據回饋各系所，讓系所作為開設課程或講座的參考依據，希望藉由UCAN平台測驗得出的大數據，能與時俱進地更新適合學生學習的課程。

本校將診斷結果回饋給心理師和導師作為輔導參考資料，同時讓學生知道自己的共通職能表現是否成長，系所也會參考這些數據作為課程改革的參考依據。另外本校目前著重在全校教學單位的整體資料收集規劃，經由多次研討會議集思廣益進行議題分析，最後的研究成果可以相互觀摩比較，在此期間推動包含UCAN等各項有關學生學習成效之資料收集、整合以及分析工作，希望未來能落實到各系所在課程設計和學生學習層面的教學品保（段盛華、王涵宇，2018）。

我們的目的是要分析各學系學生職業興趣分布與共通職能表現，調整課程教學方法，以及了解教學方法與學生共通職能養成途徑的可能差異，補足學生弱勢能力，強化優勢知能。以創新教學模式加強學生學習興趣，並輔導學生未來職涯發展，並且藉由了解學生不同背景、導師輔導介入等，釐清學生所面臨的困難與窘境，並給予適切的協助與輔導。

　　目前本研究結果發現本校學生職業興趣確實能夠對接到學系所設定的職業類別，以103年度入學之法律系學生為例（圖3），職業興趣平均得分（1~5分）最高為「司法、法律與公共安全」，其次為「教育與訓練」、「個人及社會服務」，表示學生與學系之間能夠相互契合。因此學系除了加強既有課程編排之外，也藉由課程編排設定國考證照、企業法實務、樂齡服務領域、社會秩序與犯罪防治領域等，協助學生作為選排課的參考依據，並給予明確未來職涯發展所需能力的培養。在學生畢業後滿一年的職業分布可知，法律系學生從事人數最多職業類型分別為「司法、法律與公共安全類」、「政府公共事務類」與系所設定職業類別十分符合。

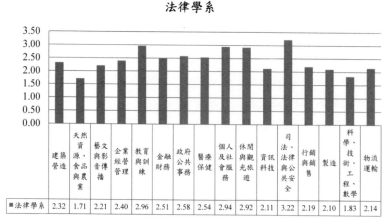

法律學系

	建築營造	天然資源、食品與農業	藝文與影音傳播	企業經營管理	教育與訓練	金融財務	政府公共事務	醫療保健	個人及社會服務	休閒與觀光旅遊	資訊科技	司法、法律與公共安全	行銷與銷售	製造	科學、技術、工程、數學	物流運輸
■法律學系	2.32	1.71	2.21	2.40	2.96	2.51	2.58	2.54	2.94	2.92	2.11	3.22	2.19	2.10	1.83	2.14

圖3　103年度入學之級法律學系職業興趣分布

二、學生就業力培植

　　本校透過UCAN資料、畢業流向調查結合校務資料庫，透過追蹤的方式觀察學生入學時所具備的先備特質、大學期間學習歷程及學生畢業後的職涯發展，以作為教學革新、學生輔導等參考依據。以縱貫角度分析學生從入學、大學學習歷程乃至畢業後職涯發展，並將分析資料適時提供給學系參考，幫助學系了解學生特質與樣貌，依此作為課程安排與教學方式調整的方向。以本校傳播學院某系為例，透過分析學生於大一新生時所施測之UCAN共通職能，並與「大專院校就業職能平台」之大專院校傳播學門常模相互比較後，得知106~108級學生在人際互動及團隊合作上相對較為弱勢（常模分數落在26~42之間，圖4），表示學生在這一方面存在能力的缺口。因此學系獲得此項分析後，便於基礎課程（如社會學、虛擬攝影棚原理、影視腳本編製等課程）中融入合作學習（如小組討論等），並且在課堂中鼓勵學生從生活中多觀察人際之間的互動、衝突、文化與規範，以增進學生人際互動及團隊合作。另外，亦從此項分析中發現學生的優勢能力在於創新及資訊科技運用（常模分數落在51~71之間），顯示學系學生在此方面能力高於半數傳播學門，學系秉持揚長補短的精神，透過進階課程安排（如微電影製作、畢業製作等課程）激發學生創意發想，強化學生創新能力，並且運用數位教學（數位剪輯、媒介學習等課程）強化學生資訊科技運用能力，以維持學生優勢能力。

　　此外，也藉由分析學生職業興趣了解學生職業偏好，並以安排實習課程幫助學生發展職涯，熟悉職場環境。在畢業前夕請學生填答專業職能診斷時，在藝文影音傳播各項就業途徑職能分數皆高於中點分數（五點量表，平均分數約落在3.18~3.73，圖5）。在結合畢業流向調查學生職業分布，學生畢業後第一年有33%就業學生從事藝文與影音傳播產業，表示學生畢業後就業方向確實有朝著學

系相關的職涯發展。根據107年雇主滿意度調查結果顯示，雇主對學系學生在整體專業技能、整體工作表現、人格特質、整體工作態度等面向皆給予高度肯定，平均分數約落在4.09~4.29之間（五點量表，平均分數約落在4.09~4.29）。

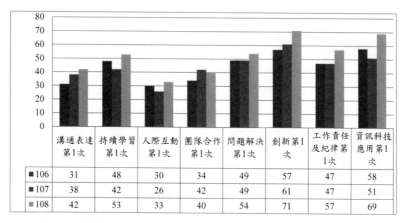

	溝通表達第1次	持續學習第1次	人際互動第1次	團隊合作第1次	問題解決第1次	創新第1次	工作責任及紀律第1次	資訊科技應用第1次
■106	31	48	30	34	49	57	47	58
■107	38	42	26	42	49	61	47	51
■108	42	53	33	40	54	71	57	69

圖4　本校學系對照UCAN全國大專院校傳播學門共通職能常模

就業途徑分數

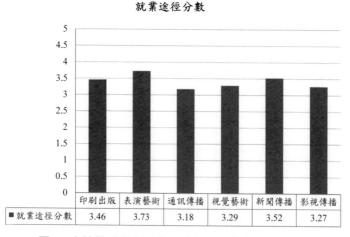

	印刷出版	表演藝術	通訊傳播	視覺藝術	新聞傳播	影視傳播
■就業途徑分數	3.46	3.73	3.18	3.29	3.52	3.27

圖5　本校學系藝文影音傳播各項就業途徑職能分數

肆、經驗的總結

本文中由學生興趣適配度、家庭背景角度觀測，如何影響學生學習成效與表現，並且探討家庭背景與就業後的學職轉銜、學用相符之情形，釐清家庭背景是如何影響學生就業後的職涯選擇與學用相符。依據分析結果建議校方提供學生相關資源，幫助減低因家庭背景因素所帶來的限制。此外，藉由甫入大學所施測之學生職業興趣，檢視學生職業偏好分布，幫助學系了解學生特質與樣貌，據此協助學生進行課程安排與教師課程與教學調整之參考依據。

經由縱貫研究了解分析學生整體學習歷程與就業發展，試圖找出學生學習樣態與特質，並將分析結果回饋教學單位，促進課程及教學革新，提供學生最佳的學習資源與支持，協助其建立穩健基礎，未來在就業職場上學以致用發揮所長。

一、目前遭遇的困境

目前玄奘大學雖然已建置了校務資料庫，但是經由本研究的先期探討發現，在學生的成績登錄資料相當混雜，例如學生休退學的情況並沒有排除，仍然混雜在成績資料當中，修課與沒有修課的學生符號標示也相當混亂，造成成對樣本資料取得不易，在進行分析前需花費相當的精力，進行資料篩選與清理的工作。另外在盤點相關校務資料後發現，收集的資料過於龐雜而且部分斷斷續續缺乏連貫性，當盤點校務研究相關資料，進行學生學習成效分析時，許多分析的項目都難以展現本校整體的表現。為落實教學品保的機制，達到本校辦學的目標，校務研究中心除了持續進行資料清理工作外，更將積極與各學系建立校務資料的連動機制整合型研究計畫，擺脫過往校務研究中心單打獨鬥的一條龍處理情況。未來將由教學

單位主動提出需求，校務研究中心從旁提供專業服務，在分層負責的架構中找尋隱藏在校務資料中的關鍵密碼。

二、值得驕傲的特色

　　本校定位為教學型大學，致力於建立「卓越教學、終身學習、樂活幸福」的優質大學。配合社會發展及新興產業人才需求及教育部「提升就業競爭力、強化學用合一」，故103至106學年度校務發展計畫強調四大主軸目標，分別為「優化教學品質」、「深化輔導就業」、「強化研究應用」與「提升校務經營」。107至110年度滾進修正校務發展，以提升「教師發展&學習效能」、強化「職場發展&社會流動」、深化「特色應用研究發展」、持續「學校永續&公共發展」四大主軸目標及計畫方案。其中將藉由校務研究分析結果作為校務政策推動參考依據，並且將學生學習歷程與成效分析等提供學系與師長作為課程改革與教學改善方向。大學教育在為產業培養人才投入職場之外，改善個人生活、提高社會地位進而促進社會流動更是重要的社會責任與貢獻，也是高等教育投資效益的主要指標之一（教育部，2013）。

　　透過105-107年度評估本校學生學習情況及預警輔導機制，分析學生學習落後之原因，察覺學生落後學習主要因素為「時間分配不佳」與「學習動機不足」，學生學習落後原因，同時也是本校學生休、退學起因之一。根據評估與分析結果，進行檢討與擬定改善方案，本校於108年度推動「學習輔導班」計畫。學習輔導班計畫除被預警學生，同時包含學習落後學生及有意願進行課後輔導學生，開設自習班、課後輔導班、預警輔導班等，提供學生更健全的學習輔導機制及學業與生活上之關懷，增進師生情誼，有效解決學生課業及生活疑問，規劃學生學習所需之協助。以利強化學生自我學習效能，奠定學生自主學習基礎。玄奘大學弱勢學生獎補助辦法

補助弱勢學生學習助學、進步、畢業製作、社團參與、證照加碼等五類獎學金，108年度共有235人次獲得補助，讓學生以學習替代工讀，能夠在學校學習申請獎學金不為經濟因素而中斷學業。108學年教師針對個別課堂需求，申請學習輔導班，輔導學生輔導過後學生感受到該科目成績進步程度5分以上達34%，進步10分以上學生達28%。

　　透過追蹤的方式觀察學生入學時所具備的先備特質、大學期間學習歷程及學生畢業後的職涯發展，以縱貫分析觀測學生經過大學學習所發生的變化，檢視學生在接受學系專業課程所訓練之後是否能夠有效地展現出學習成果，並且也習得足夠得專業能力以面對職場能力需求，將分析資料納入學生基本資料、入學前成績、入學時施測之UCAN相關問卷作為學生所具備的先備特質，以此為背景串接在學期間成績、生活適應問卷、學習歷程調查問卷等資料，同時亦結合學生畢業流向調查，試圖以縱貫方式了解學生的樣貌、學習型態與職涯發展。

三、未來的發展方向

（一）建構完整的UCAN職能施測管制流程──確保資料完整度。

　　為了推動UCAN職能，追蹤學生職業興趣的變化與職能的發展，並且檢視學生在經由學系專業課程與訓練之後，是否能有效培養專業職能。因此本校結合新生訓練與扎根活動時，由心理師與系上教師引導學生進行填答（表12），爾後在大二、大三下學期5月份時由導師利用導師時間帶領學生進行施測，在學生大四下學期5月進行施測職業興趣與專業職能，並在畢業前夕確認學生是否有填答完畢，如未填答則請導師協助提醒學生完成填答，以確保資料的完整度。UCAN職業興趣探索與職能診斷時程，如表12所示。

表12 UCAN職能施測時程管制表

項目	題數	對象	時間				
			前測	追測1（大一）	追測2（大二）	追測3（大三）	追測4（畢業生）
UCAN職業興趣探索	102	大學部學生	新生紮根		5月		5月
UCAN共通職能診斷	52	大學部學生	新生紮根			5月	
UCAN專業職能診斷	33	大學部學生					5月

（二）結合心理輔導中心專業心理師與系上教師共同引導——確保資料正確性。

　　UCAN平台職業興趣、共通職能等施測的過程，係由學系老師、主任與心理師帶領學生，並且說明UCAN職業興趣平台各項分析的意涵與操作。根據過往經驗由於學生對於UCAN平台的操作，與對各職業類別的理解不甚明瞭，且填答題目繁多導致學生失去耐心與作答意願，因而令填答結果造成偏誤，無法真實反映學生的偏好與特質。故本校希望藉由心理師的講解與導師的專業知識輔助學生協助填答，避免學生因對職業與學系的錯誤理解，而誤解題目的原意。在施測完畢後，由研發處校務研究中心進行資料清理與分析，並運用UCAN資料的分析，追蹤學生職業興趣探索與職能診斷結果，觀察學生職業興趣與特質變化，協助學生了解自我性格特質。並將分析結果回饋學系提供做為教學方向與課程安排。

參考文獻：

教育部（2013）。教育部人才培育皮書。臺北：教育部。〔Ministry of Education. (2013). White Paper on Human Resource Development. Taipei: Ministry of Education.〕

李勇輝（2017）。學習動機、學習策略與學習成效關係之研究-以數位學習為例。經營管理學刊，14，68-86。

玄奘大學（2018）。107年度上半年大學校院校務評鑑-玄奘大學自我評鑑報告。

何希慧（2015）。大學建立校務研究體制之建議：以學習成效評估及提升機制為例，評鑑雙月刊第57期。

段盛華、王涵宇（2018）。專題案例（學生學習成效）-玄奘大學。載於林博文、江東亮（主編），臺灣校務研究實務（190-211）。臺北市：高等教育文化事業。

唐慧慈、郭玟杏（2017）。臺灣經驗：校務研究及對大學校院發展之影響。評鑑雙月，65。

校務研究網站。https://www.airweb.org/pages/default.aspx

陳舜文、魏嘉瑩（2013）。大學生學習動機之「雙因素模式」：學業認同與角色認同之功能。中華心理學刊，55，41-55。

涂博理（2017）。**大學生職業興趣、人境適配度對不同科系學生學習成效之影響**（未出版之碩士論文）玄奘大學，新竹。

黃毅志（1992）。臺灣地區教育對職業地位取得影響之變遷。**中央研究院民族學研究所集刊**，**74**，125-162。

劉興郁、蔡瑞敏（2006）。組織變革知覺、學習動機對學習成效之影響。**朝陽商管評論**，**5**（S），63-88。

劉若蘭、蔡昕璋、李育齊（2016）。一所公立大學經濟弱勢學生學習與校園經驗及輔導資源研究。**學生事務與輔導**，**55**（3），9-29。doi:10.6506/SAGC.2016.5503.03

鄭英耀、方德隆、莊勝義、陳利銘、劉敏如，2015。大學經濟弱勢學生入學及就學扶助政策分析與建議。**教育科學研究期刊**，**60**（4）。doi:10.6209/JORIES.2015.60（4）.01

蕭佳純（2009）。家庭社經地位、自我概念、學業表現對大學畢業生就業情形之探討。**當代教育研究**，**17**（3），1-40。

Howard, R. D., McLaughlin, G. W., Knight, W. E., & Associates. (2012). The handbook of institutional research. San Francisco, CA: Jossey-Bass.

Holland, J.L. (1959). A theory of vocational chouce. *Journal of Counseling Psychology, 6*(1), 35-45.

南華大學畢業生追蹤與雇主滿意度調查
——六大核心能力分析

南華大學校長
林聰明

南華大學副校長
楊思偉

南華大學副校長
林辰璋

南華大學校務研究辦公室博士後研究員（通訊作者）
李宜麟

壹、前言

　　大學畢業生就業力長期以來，一直是世界各國大學關注的焦點。然何謂就業力？具體來說，就業力是指獲得初次就業、保持就業以及在必要時獲得新就業的能力，其本質是個人在經過學習過程後，能夠具備獲得工作、保有工作以及做好工作的能力（MBA,2020）。2019年英國高等教育調查公司QS公布大學畢業生就業力排行榜的結果，除使各國大學幾家歡樂幾家愁（美通社，2019），更顯示大學就業力在高等教育機構評鑑的重要性。換言之，大學就業

力排名不僅是高等教育機構競爭的結果，更是高等教育機構在學生學習、教師教學、校務經營、產學合作等各方面的具體展現。

然大學就業力從在校的培育到畢業後的就業與發展，再到雇主回饋等一系列之分析，需要由校務研究組織以校本位，進行證據為本的分析，而這分析的過程展現除校務組織智能，更顯現校務職能的發揮。其中，校務智能包含：技術和分析智能（technical & analytical intelligence）、議題智能（issue intelligence）和情境脈絡智能（contextual intelligence）（李紋霞、符碧真，2017；Terenzini，1993：3-6）；而校務研究組織的職能更是包括：確認資訊需求、蒐集、分析、解釋和報告數據和資訊、擔任數據和資訊管理員等（Association for Institution Research, 2019）。由此可見，校務研究對於大學校務經營、學生學習成效、教師教學品質等各方面的成效分析，頗具重要性。

再者，南華大學（以下簡稱本校）是星雲大師基於宗教辦學理念，集百萬人興學願力所創辦的綜合型大學，以「慧道中流」為校訓，學校定位為「具有生命關懷、公益公義取向的教學卓越大學」。自林聰明校長於102年1月接任後，本校辦學績效呈現飛躍成長，連續六年獲選設立「國家級教育部生命教育中心」，自105至108年連續四年蟬聯「世界綠色大學百大學校」，近兩年獲頒行政院「國家品質獎」、「第一屆國家企業環保獎—金質獎」、臺灣永續能源研究基金會「企業社會責任金獎」及「TOP50企業獎」、英國標準協會「BSI永續傑出獎」、香港鏡報月刊「學校社會責任獎」等。

林校長就任後，極為重視招生、學生學習及校務治理之調查與數據分析結果，並做為訂定本校發展策略之重要依據。在學生面，經分析本校學生來源與特質，並參照畢業校友與雇主之回饋意見；本校新生入學時在學習表現與各項資源均屬中後段且自我認知價值較低，若能提供學生適當的學習，可讓學生有機會跳躍成長。

因此，本校以校務研究為基礎，於102學年度提出「跳躍成長、學用合一」的願景（如圖1），明訂「嶄新南華、獎優扶弱、

追求卓越、邁向國際」四大方針，採取「創新、深化、延展、加值」四大策略，結合「行政、教學、服務」與「校務發展研究」提出「躍動教育生命力與自覺力、躍增學生實務力與就業力、躍揚學習自信力與品保力、躍進教師教學力與專業力、凌躍課程分流力與跨域力、躍升國際移動力與友善力、飛揚績效整合力與延展力」七項教學卓越配套措施，推動成果導向教育精進學生「生命力、專業力、實務力、溝通力、身心力、關懷力」六大核心能力，建置學生學習成效的檢核與評量機制，提升學生學習成效。

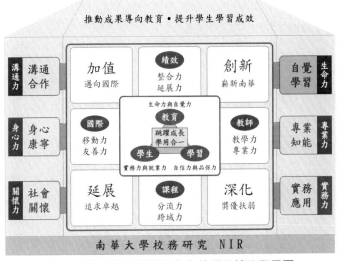

圖1　南華大學以校務研究為基礎的校務發展圖

　　進而提出「提升校務專業管理能力計畫」，是結合「行政、教學、服務」與「校務發展研究」機制，「建立大學生學習成效評估、回饋及提升機制」為主軸，從學生入學、在學學習，到學生畢業後適性發展為導向，透過結合「行政、教學、服務」與「校務發展研究」各主政單位的合作機制，發展出各項校務配套措施，強調

學習成果導向，重視學生學習成效與明確訂定畢業生能力。從學生入學一開始就有一個清晰的學習架構或願景，清楚闡述學生應具備何種能力，接著系所教學、正式課程、潛在課程、教育活動及教學評量，以雷達圖檢核回饋學生六大核心能力達到預期的目標，推動成果導向教育，全面提升學生學習成效。

　　基於上述，本文以本校校務研究在畢業生就業與發展之六大核心能力之應用為例，進行101學年度畢業滿5年、103學年度畢業滿3年、105學年度畢業滿1年，以及107年度雇主滿意度在六大核心能力的調查分析後，進而提出校務研究應用於就業與發展之結論與建議外，最後在經驗總結方面，提出目前遭遇困境、值得肯定的特色、未來發展方向，以供各界參考。

貳、校務研究組織、研究分析範疇以及畢業生就業與發展之六大核心能力

一、本校校務研究辦公室組織

　　本校為建構完善的校務研究組織架構，成立直屬校長之校務研究辦公室，由校長擔任召集人，副校長擔任辦公室主任，執行長由本校教務長擔任，推動本校校務研究工作；「校務研究諮詢與倫理委員會」則是由校長擔任召集人，除了強化校務研究諮詢功能外，並針對資料使用的審查與資料使用倫理規範的制定提供建議。校務研究辦公室下設「系統建置組」與「議題研究組」，推動該辦公室相關業務（如圖2），各組工作職掌如下：

　　（一）系統建置組：負責校務研究資料之蒐集、彙整與建置，以及校務研究系統之管理。

　　（二）議題研究組：負責學生學習成效與校務經營議題之研析與資料探勘，提供校務主管決策之證據支持。

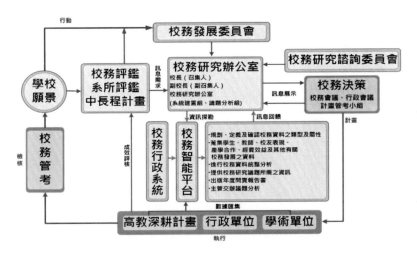

圖2　南華大學校務研究辦公室組織及運作機制圖

二、本校校務研究分析範疇

　　本校校務研究分析範疇可分為校務、學習成效和教學成效等三大類，其中校務方面，主要以校務資料清洗、整理和分析為主，並每年定期公布公開辦學資訊報告、問責報告、校務研究與學生學習成效研究報告，以及智能平台的建置；學習成效方面，可包含：大二至大四學生校園學習和生活經驗報告、UCAN轉系前後學業成績比對分析報告、不同入學管道之學業成績分析報告、UCAN大一大三前後測共通職能診斷分析報告、畢業生追蹤流向調查及雇主滿意度報告；教學成效方面，主要以教學意見分析報告、教師教學經驗、困境和支持分析報告等為主（如圖3）。

圖3　本校校務研究分析範疇

三、畢業生就業與發展之核心六力

　　核心能力是學生在長期學習過程中的知識積累和特殊的技能。本校在103年以校訓「慧」、「道」、「中流」為主軸下，發展出「專業素養」、「職場素養」、「博雅素養」等基本素養，進而提出六大核心能力，包含：「專業知能」（專業力）、「自覺學習」（生命力）、「實務應用」（實務力）、「溝通合作」（溝通力）、「社會關懷」（關懷力）和「身心康寧」（身心力）（南華大學教學卓越計畫辦公室、教務處，2014：5-6）。因此，本校在六大核心能力為基礎下，除針對在校生進行六力養成，也針對畢業生和雇主進行六力調查分析，以使本校學生在校學習、畢業生就業與發展力以及雇主滿意度能有一致性的能力對照指標，其調查分析後的比對結果，進而作為本校各院系課程地圖、教師教學改善和招生專業化尺規修正之參數。

參、校務研究在畢業生就業與發展分析之應用

　　本校產學合作及職涯發展處於108年分別針對101學年度畢業滿5年、103學年度畢業滿3年、105學年度畢業滿1年，以及107年度雇

主滿意度進行六大核心能力調查。六大核心能力分別是專業力、生命力、實務力、溝通力、關懷力和身心力；101學年度畢業滿5年填答者為991人，103學年度畢業滿3年填答者為1047人，105學年度畢業滿1年填答者為1151人，107年度雇主滿意度填答者為246人。其中，因會計資訊系和電子商務管理學系停招，故缺乏107年度雇主滿意度資料而摒除。經校務研究辦公室分析調查資料，其結果依照全校、各學院、各學系分別分析如下：

一、全校

　　整體而言，雇主滿意度在六力表現較高於101學年度、103學年度及105學年度畢業生自我感受表現。其中，在畢業生自我感受表現方面，以專業力表現最佳，其次為生命力；反之雇主滿意度方面，以身心力表現最佳，其次為溝通力（如圖4）。

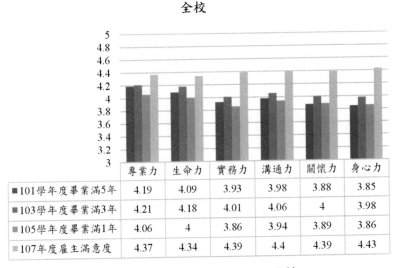

全校

	專業力	生命力	實務力	溝通力	關懷力	身心力
■101學年度畢業滿5年	4.19	4.09	3.93	3.98	3.88	3.85
■103學年度畢業滿3年	4.21	4.18	4.01	4.06	4	3.98
■105學年度畢業滿1年	4.06	4	3.86	3.94	3.89	3.86
■107年度雇主滿意度	4.37	4.34	4.39	4.4	4.39	4.43

圖4　畢業生就業六力調查分析-全校

二、學院

（一）管理學院

　　整體而言，雇主滿意度在實務力、溝通力、關懷力和身心力，高於101學年度、103學年度及105學年度畢業生自我感受表現；在六大核心能力，除103學年度外，畢業生自我感受表現以專業力最佳，其次為生命力，反之雇主滿意度以溝通力表現最佳。其中，專業力的自我感受表現是逐年上升。另外，除專業力外，其餘五力以103學年度畢業滿3年的畢業生自我感受表現最佳，而專業力則以101學年度畢業滿5年的畢業生自我感受表現最佳（如圖5）。

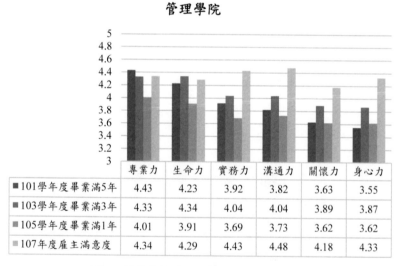

管理學院

	專業力	生命力	實務力	溝通力	關懷力	身心力
■101學年度畢業滿5年	4.43	4.23	3.92	3.82	3.63	3.55
■103學年度畢業滿3年	4.33	4.34	4.04	4.04	3.89	3.87
■105學年度畢業滿1年	4.01	3.91	3.69	3.73	3.62	3.62
■107年度雇主滿意度	4.34	4.29	4.43	4.48	4.18	4.33

圖5　畢業生就業六力調查分析-管理學院

（二）人文學院

　　整體而言，雇主滿意度在六力表現較高於101學年度、103學年度及105學年度畢業生自我感受表現；在六大核心能力，101學年度、103學年度、105學年度畢業生各自以專業力、生命力和關懷力自我感受表現最佳，雇主滿意度則以關懷力和身心力最佳。其中，畢業生在溝通力的自我感受表現，是逐年上升，但在實務力和關懷力的自我感受表現卻是逐年下降。另外，專業力、生命力和身心力，以103學年度畢業滿3年的畢業生自我感受表現最佳，實務力和關懷力則以105學年度畢業滿1年畢業生自我感受表現最佳（如圖6）。

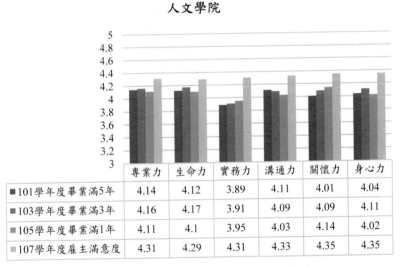

人文學院

	專業力	生命力	實務力	溝通力	關懷力	身心力
■101學年度畢業滿5年	4.14	4.12	3.89	4.11	4.01	4.04
■103學年度畢業滿3年	4.16	4.17	3.91	4.09	4.09	4.11
■105學年度畢業滿1年	4.11	4.1	3.95	4.03	4.14	4.02
■107學年度雇主滿意度	4.31	4.29	4.31	4.33	4.35	4.35

圖6　畢業生就業六力調查分析-人文學院

（三）科技學院

　　整體而言，雇主在六力滿意度高於101學年度、103學年度及105學年度畢業生自我感受表現；在六大核心能力，畢業生自我感受表現和雇主滿意度皆以專業力最佳。其中，畢業生在實務力和身心力的自我感受表現，是逐年上升。另外，專業力部分，以105學年度畢業滿1年自我感受表現較佳，生命力自我感受表現並無太大差異，溝通力則是在101學年度、105學年度自我感受表現較佳，反之關懷力則是在103學年度自我感受表現較佳（如圖7）。

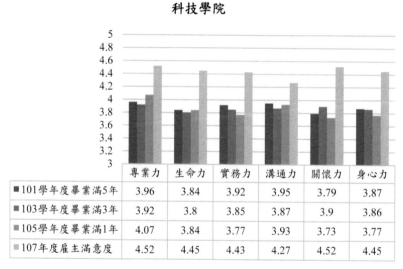

科技學院

	專業力	生命力	實務力	溝通力	關懷力	身心力
■101學年度畢業滿5年	3.96	3.84	3.92	3.95	3.79	3.87
■103學年度畢業滿3年	3.92	3.8	3.85	3.87	3.9	3.86
■105學年度畢業滿1年	4.07	3.84	3.77	3.93	3.73	3.77
■107年度雇主滿意度	4.52	4.45	4.43	4.27	4.52	4.45

圖7　畢業生就業六力調查分析-科技學院

（四）藝術與設計學院

　　整體而言，雇主在六力滿意度高於101學年度、103學年度及105學年度畢業生自我感受表現；六大核心能力，以103學年度和105學年度溝通力最佳，其次各為專業力和生命力，101學年度以關懷力最佳，專業力次之，反之雇主滿意度則是身心力最佳。其中，畢業生在關懷力的自我感受表現是逐年上升，且103學年度畢業滿3年的學生，除生命力和關懷力外，其餘四力自我感受表現優於101學年度和105學年度，生命力則以105學年度畢業滿1年自我感受表現最佳，關懷力則以101學年度畢業滿5年自我感受表現最佳（如圖8）。

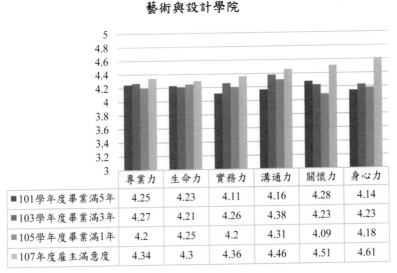

藝術與設計學院

	專業力	生命力	實務力	溝通力	關懷力	身心力
■101學年度畢業滿5年	4.25	4.23	4.11	4.16	4.28	4.14
■103學年度畢業滿3年	4.27	4.21	4.26	4.38	4.23	4.23
■105學年度畢業滿1年	4.2	4.25	4.2	4.31	4.09	4.18
▪107年度雇主滿意度	4.34	4.3	4.36	4.46	4.51	4.61

圖8　畢業生就業六力調查分析-藝術與設計學院

（五）社會科學院

　　整體而言，雇主在六力滿意度高於101學年度、103學年度及105學年度畢業生自我感受表現；在六大核心能力，除103學年度以專業力最佳，101學年度和105學年度畢業生自我感受表現皆以關懷力最佳，各年度其次分別為溝通力和生命力，而雇主滿意度也以關懷力最佳。其中，畢業生在溝通力、關懷力和身心力的自我感受表現是逐年下降。另外，專業力、生命力和實務力，則以103學年度畢業滿3年自我感受表現最佳，溝通力和身心力則是105學年度畢業滿1年自我感受表現最佳（如圖9）。

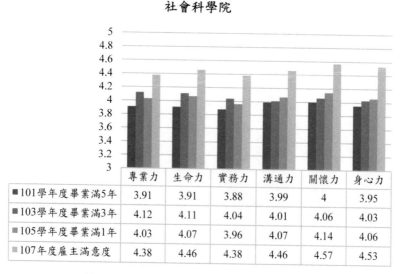

社會科學院

	專業力	生命力	實務力	溝通力	關懷力	身心力
■101學年度畢業滿5年	3.91	3.91	3.88	3.99	4	3.95
■103學年度畢業滿3年	4.12	4.11	4.04	4.01	4.06	4.03
■105學年度畢業滿1年	4.03	4.07	3.96	4.07	4.14	4.06
■107年度雇主滿意度	4.38	4.46	4.38	4.46	4.57	4.53

圖9　畢業生就業六力調查分析-社會科學院

三、各學系

（一）企業管理學系

　　整體而言，雇主在溝通力、關懷力和身心力滿意度高於101學年度、103學年度及105學年度畢業生自我感受表現外，在專業力和生命力皆是畢業生自我感受表現優於雇主滿意度。其中，六力皆以103學年度畢業生自我感受表現最佳，而101學年度畢業生則是在溝通力、關懷力和身心力自我感受表現略低於其他年度畢業生（如圖10）。

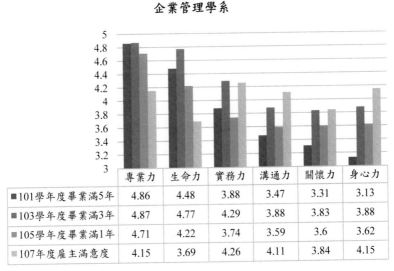

企業管理學系

	專業力	生命力	實務力	溝通力	關懷力	身心力
■101學年度畢業滿5年	4.86	4.48	3.88	3.47	3.31	3.13
■103學年度畢業滿3年	4.87	4.77	4.29	3.88	3.83	3.88
■105學年度畢業滿1年	4.71	4.22	3.74	3.59	3.6	3.62
■107年度雇主滿意度	4.15	3.69	4.26	4.11	3.84	4.15

圖10　畢業生就業六力調查分析-企業管理學系

（二）財務金融學系

　　整體而言，除關懷力外，雇主在其餘五力滿意度都高於101學年度、103學年度及105學年度畢業生自我感受表現。其中，在生命力、溝通力、關懷力和身心力，以103學年度畢業生自我感受表現最佳，專業力和實務力方面，101學年度和103學年度畢業生差異不大，僅有105學年度畢業生在各方面自我感受表現低於101學年度和103學年度畢業生（如圖11）。

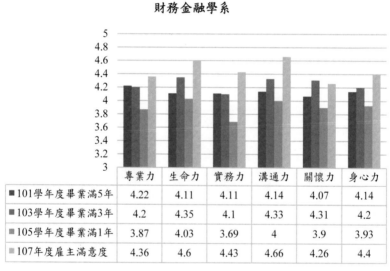

財務金融學系

	專業力	生命力	實務力	溝通力	關懷力	身心力
■101學年度畢業滿5年	4.22	4.11	4.11	4.14	4.07	4.14
■103學年度畢業滿3年	4.2	4.35	4.1	4.33	4.31	4.2
■105學年度畢業滿1年	3.87	4.03	3.69	4	3.9	3.93
■107年度雇主滿意度	4.36	4.6	4.43	4.66	4.26	4.4

圖11　畢業生就業六力調查分析-財務金融學系

（三）文化創意事業管理學系

　　整體而言，雇主在六力滿意度高於101學年度、103學年度及105學年度畢業生自我感受表現。其中，畢業生在專業力、生命力、實務力和溝通力的自我感受表現是逐年上升，而在關懷力和身心力部分，則以101學年度畢業生自我感受表現最佳，103學年度畢業生自我感受表現較弱（如圖12）。

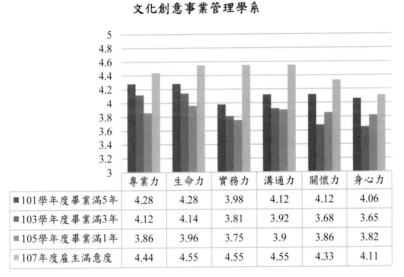

	專業力	生命力	實務力	溝通力	關懷力	身心力
■101學年度畢業滿5年	4.28	4.28	3.98	4.12	4.12	4.06
■103學年度畢業滿3年	4.12	4.14	3.81	3.92	3.68	3.65
■105學年度畢業滿1年	3.86	3.96	3.75	3.9	3.86	3.82
■107年度雇主滿意度	4.44	4.55	4.55	4.55	4.33	4.11

圖12　畢業生就業六力調查分析-文化創意事業管理學系

（四）旅遊管理學系

　　整體而言，雇主在六力滿意度高於101學年度、103學年度及105學年度畢業生自我感受表現。其中，以103學年度畢業生在六力自我感受表現最佳，其次為101學年度畢業生，105學年度畢業生則是較弱（如圖13）。

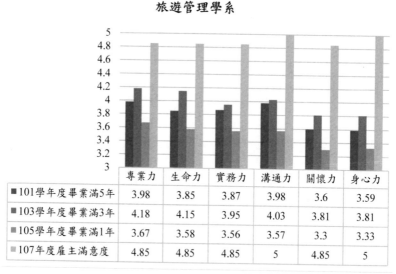

旅遊管理學系

	專業力	生命力	實務力	溝通力	關懷力	身心力
■101學年度畢業滿5年	3.98	3.85	3.87	3.98	3.6	3.59
■103學年度畢業滿3年	4.18	4.15	3.95	4.03	3.81	3.81
■105學年度畢業滿1年	3.67	3.58	3.56	3.57	3.3	3.33
107年度雇主滿意度	4.85	4.85	4.85	5	4.85	5

圖13　畢業生就業六力調查分析-旅遊管理學系

（五）生死學系

　　整體而言，雇主在專業力、生命力、溝通力及身心力，滿意度低於101學年度、103學年度及105學年度畢業生自我感受表現。其中，以103學年度畢業生在六力自我感受表現最佳，其次為105學年度畢業生，101學年度畢業生自我感受表現較弱（如圖14）。

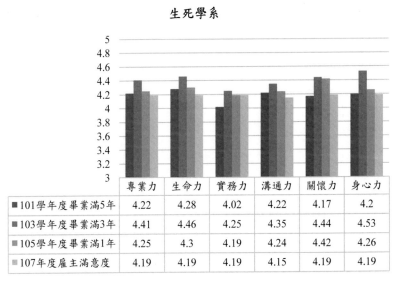

生死學系

	專業力	生命力	實務力	溝通力	關懷力	身心力
■101學年度畢業滿5年	4.22	4.28	4.02	4.22	4.17	4.2
■103學年度畢業滿3年	4.41	4.46	4.25	4.35	4.44	4.53
■105學年度畢業滿1年	4.25	4.3	4.19	4.24	4.42	4.26
■107年度雇主滿意度	4.19	4.19	4.19	4.15	4.19	4.19

圖14　畢業生就業六力調查分析-生死學系

（六）文學系

　　整體而言，雇主在六力滿意度高於101學年度、103學年度及105學年度畢業生自我感受表現。其中，畢業生在身心力的自我感受表現是逐年上升，另外五力則以103學年度畢業生自我感受表現最佳，其次為101學年度畢業生，105學年度畢業生為較弱（如圖15）。

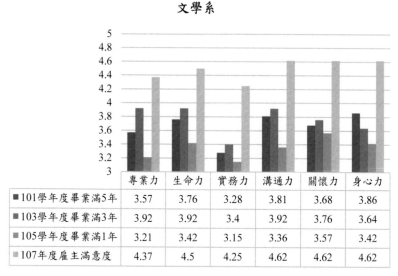

	專業力	生命力	實務力	溝通力	關懷力	身心力
■101學年度畢業滿5年	3.57	3.76	3.28	3.81	3.68	3.86
■103學年度畢業滿3年	3.92	3.92	3.4	3.92	3.76	3.64
■105學年度畢業滿1年	3.21	3.42	3.15	3.36	3.57	3.42
■107年度雇主滿意度	4.37	4.5	4.25	4.62	4.62	4.62

圖15　畢業生就業六力調查分析-文學系

（七）幼兒教育學系

　　整體而言，雇主除專業力外，其餘五力滿意度高於101學年度、103學年度及105學年度畢業生自我感受表現。其中，101學年度畢業生除關懷力外，其餘五力自我感受表現最佳，其次為105學年度畢業生，103學年度畢業生則是自我感受表現較弱（如圖16）。

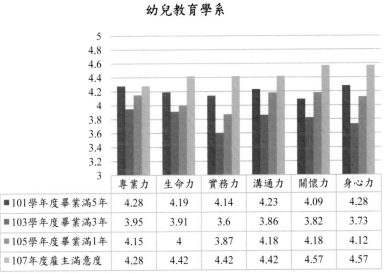

圖16　畢業生就業六力調查分析-幼兒教育學系

（八）宗教學研究所

　　整體而言，雇主在六力滿意度高於101學年度、103學年度及105學年度畢業生自我感受表現。其中，以103學年度畢業生在六力自我感受表現較弱，105學年度畢業生除在關懷力表現略微高於101學年度畢業生自我感受表現，其餘五力自我感受表現次佳，101學年度畢業生則是除關懷力外，其餘五力自我感受表現最佳（如圖17）。

宗教學研究所

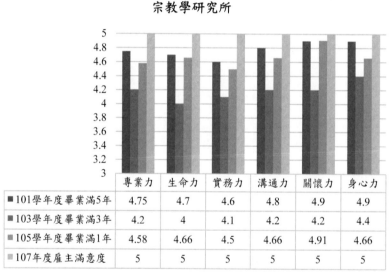

	專業力	生命力	實務力	溝通力	關懷力	身心力
■101學年度畢業滿5年	4.75	4.7	4.6	4.8	4.9	4.9
■103學年度畢業滿3年	4.2	4	4.1	4.2	4.2	4.4
■105學年度畢業滿1年	4.58	4.66	4.5	4.66	4.91	4.66
■107年度雇主滿意度	5	5	5	5	5	5

圖17　畢業生就業六力調查分析-宗教學研究所

（九）外國語文學系

　　整體而言，雇主除生命力外，其餘五力滿意度高於101學年度、103學年度及105學年度畢業生自我感受表現。其中，以105學年度畢業生在專業力、生命力和實務力自我感受表現最佳，溝通力、關懷力和身心力則是以101學年度畢業生自我感受表現最佳，換言之，103學年度畢業生除在溝通力與105學年度畢業生自我感受表現持平外，其餘五力自我感受表現較弱（如圖18）。

外國語文學系

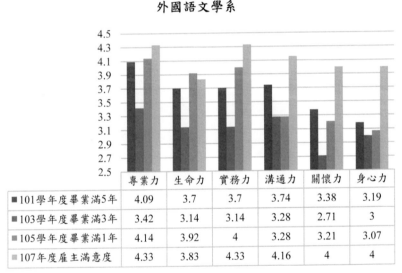

	專業力	生命力	實務力	溝通力	關懷力	身心力
■101學年度畢業滿5年	4.09	3.7	3.7	3.74	3.38	3.19
■103學年度畢業滿3年	3.42	3.14	3.14	3.28	2.71	3
■105學年度畢業滿1年	4.14	3.92	4	3.28	3.21	3.07
■107年度雇主滿意度	4.33	3.83	4.33	4.16	4	4

圖18　畢業生就業六力調查分析-外國語文學系

（十）資訊管理學系

　　整體而言，雇主在六力滿意度高於101學年度、103學年度及105學年度畢業生自我感受表現。其中，在專業力以105學年度畢業生自我感受表現最佳，而生命力、關懷力、身心力則以103學年度畢業生自我感受表現最佳，至於實務力和溝通力，不同年度畢業生自我感受表現並無明顯差異（如圖19）。

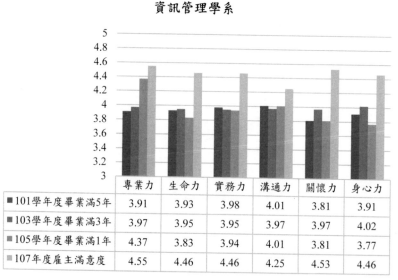

資訊管理學系

	專業力	生命力	實務力	溝通力	關懷力	身心力
■101學年度畢業滿5年	3.91	3.93	3.98	4.01	3.81	3.91
■103學年度畢業滿3年	3.97	3.95	3.95	3.97	3.97	4.02
■105學年度畢業滿1年	4.37	3.83	3.94	4.01	3.81	3.77
■107年度雇主滿意度	4.55	4.46	4.46	4.25	4.53	4.46

圖19　畢業生就業六力調查分析-資訊管理學系

（十一）資訊工程學系

　　整體而言，雇主僅在關懷力的滿意度高於101學年度、103學年度及105學年度畢業生自我感受表現，且專業力高於103學年度和105學年度。其中，以101學年度畢業生在專業力、生命力、實務力、溝通力等四力自我感受表現最佳，關懷力則以103學年度畢業生自我感受表現最佳，身心力則以105學年度畢業生自我感受表現最佳（如圖20）。

資訊工程學系

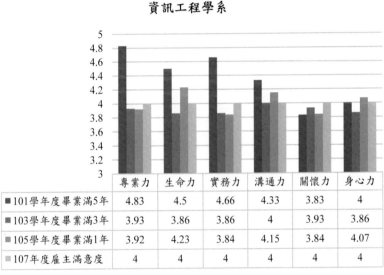

	專業力	生命力	實務力	溝通力	關懷力	身心力
■101學年度畢業滿5年	4.83	4.5	4.66	4.33	3.83	4
■103學年度畢業滿3年	3.93	3.86	3.86	4	3.93	3.86
■105學年度畢業滿1年	3.92	4.23	3.84	4.15	3.84	4.07
■107年度雇主滿意度	4	4	4	4	4	4

圖20　畢業生就業六力調查分析-資訊工程學系

（十二）自然生物科技學系

　　整體而言，雇主在六力滿意度高於101學年度、103學年度及105學年度畢業生自我感受表現。其中，畢業生在實務力自我感受表現是逐年升高，103學年度畢業生則在專業力、生命力、關懷力和身心力自我感受表現最佳，不同年度畢業生在溝通力自我感受表現並無差異（如圖21）。

自然生物科技學系

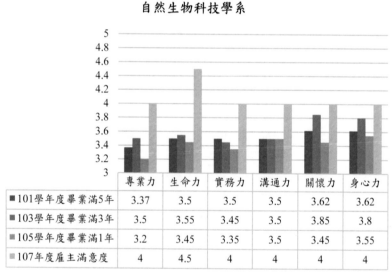

	專業力	生命力	實務力	溝通力	關懷力	身心力
■101學年度畢業滿5年	3.37	3.5	3.5	3.5	3.62	3.62
■103學年度畢業滿3年	3.5	3.55	3.45	3.5	3.85	3.8
■105學年度畢業滿1年	3.2	3.45	3.35	3.5	3.45	3.55
■107年度雇主滿意度	4	4.5	4	4	4	4

圖21　畢業生就業六力調查分析-自然生物科技學系

（十三）視覺藝術與設計學系

　　整體而言，雇主在六力滿意度高於101學年度、103學年度及105學年度畢業生自我感受表現。其中，畢業生在專業力、實務力和身心力的自我感受表現是逐年下降，生命力和關懷力則以103學年畢業生自我感受表現較弱，溝通力則以101學年度畢業生自我感受表現較弱。換言之，105學年度畢業生除溝通力外，其餘五力自我感受表現最佳（如圖22）。

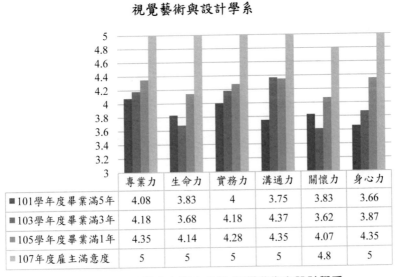

視覺藝術與設計學系

	專業力	生命力	實務力	溝通力	關懷力	身心力
101學年度畢業滿5年	4.08	3.83	4	3.75	3.83	3.66
103學年度畢業滿3年	4.18	3.68	4.18	4.37	3.62	3.87
105學年度畢業滿1年	4.35	4.14	4.28	4.35	4.07	4.35
107年度雇主滿意度	5	5	5	5	4.8	5

圖22　畢業生就業六力調查分析-視覺藝術與設計學系

（十四）建築與景觀學系

整體而言，雇主在六力滿意度高於101學年度、103學年度及105學年度畢業生自我感受表現。其中，畢業生在專業力、關懷力和身心力自我感受表現是逐年上升，實務力和溝通力則以103學年度畢業生自我感受表現最佳，生命力則以101學年度畢業生自我感受表現最佳（如圖23）。

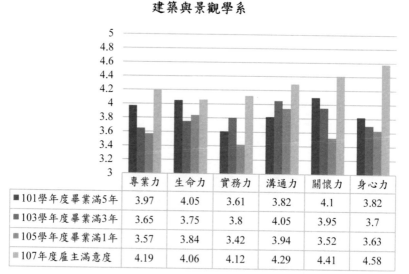

建築與景觀學系

	專業力	生命力	實務力	溝通力	關懷力	身心力
■101學年度畢業滿5年	3.97	4.05	3.61	3.82	4.1	3.82
■103學年度畢業滿3年	3.65	3.75	3.8	4.05	3.95	3.7
■105學年度畢業滿1年	3.57	3.84	3.42	3.94	3.52	3.63
■107年度雇主滿意度	4.19	4.06	4.12	4.29	4.41	4.58

圖23　畢業生就業六力調查分析-建築與景觀學系

（十五）產品與室內設計學系

　　整體而言，雇主除溝通力外，在其餘五力滿意度低於101學年度、103學年度及105學年度畢業生自我感受表現。其中，畢業生在專業力、生命力和實務力的自我感受表現是逐年下降，溝通力、關懷力和身心力則以103學年度畢業生自我感受表現最佳，其次為105學年度畢業生，101學年度畢業生自我感受表現較弱（如圖24）。

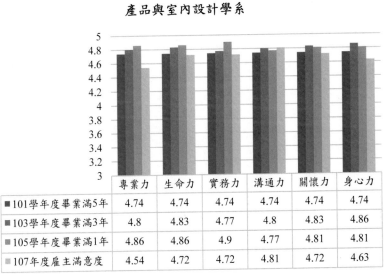

	專業力	生命力	實務力	溝通力	關懷力	身心力
■101學年度畢業滿5年	4.74	4.74	4.74	4.74	4.74	4.74
■103學年度畢業滿3年	4.8	4.83	4.77	4.8	4.83	4.86
■105學年度畢業滿1年	4.86	4.86	4.9	4.77	4.81	4.81
■107年度雇主滿意度	4.54	4.72	4.72	4.81	4.72	4.63

圖24　畢業生就業六力調查分析-產品與室內設計學系

（十六）民族音樂學系

　　整體而言，除溝通力外，雇主在其餘五力滿意度高於101學年度、103學年度及105學年度畢業生自我感受表現。其中，畢業生在生命力自我感受表現是逐年下降，101學年度畢業生在專業力、溝通力、關懷力和身心力自我感受表現最佳，其次為105學年度畢業生，103學年度畢業生自我感受表現較弱，至於實務力則是101學年度和105學年度畢業生自我感受表現呈現持平狀態（如圖25）。

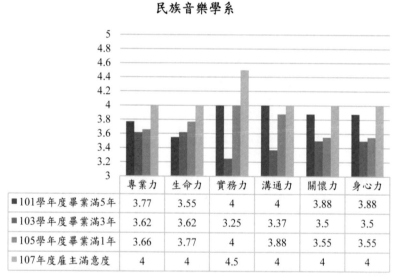

民族音樂學系

	專業力	生命力	實務力	溝通力	關懷力	身心力
■101學年度畢業滿5年	3.77	3.55	4	4	3.88	3.88
■103學年度畢業滿3年	3.62	3.62	3.25	3.37	3.5	3.5
■105學年度畢業滿1年	3.66	3.77	4	3.88	3.55	3.55
□107年度雇主滿意度	4	4	4.5	4	4	4

圖25　畢業生就業六力調查分析-民族音樂學系

（十七）傳播學系

　　整體而言，雇主在六力滿意度高於101學年度、103學年度及105學年度畢業生自我感受表現。其中，103學年度畢業生在六力自我感受表現最佳，105學年度畢業生則在專業力、生命力、實務力、身心力的自我感受表現略高於101學年度畢業生，溝通力則是101學年度畢業生自我感受表現高於105學年度畢業生，關懷力則是兩者呈現持平狀態（如圖26）。

傳播學系

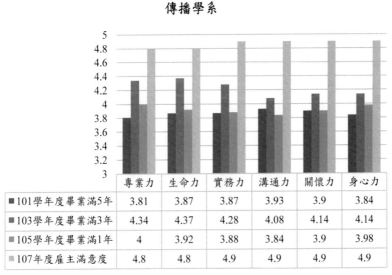

	專業力	生命力	實務力	溝通力	關懷力	身心力
■101學年度畢業滿5年	3.81	3.87	3.87	3.93	3.9	3.84
■103學年度畢業滿3年	4.34	4.37	4.28	4.08	4.14	4.14
■105學年度畢業滿1年	4	3.92	3.88	3.84	3.9	3.98
▨107年度雇主滿意度	4.8	4.8	4.9	4.9	4.9	4.9

圖26　畢業生就業六力調查分析-傳播學系

（十八）應用社會學系

　　整體而言，雇主在六力滿意度高於101學年度、103學年度及105學年度畢業生自我感受表現。其中，畢業生在身心力自我感受表現是逐年上升，103學年度畢業生則是在專業力、生命力、實務力的自我感受表現最佳，101學年度和105學年度畢業生在溝通力則是自我感受表現差異不大，關懷力則是101學年度畢業生自我感受表現最佳，其次為105學年度畢業生，103學年度畢業生自我感受表現較弱（如圖27）。

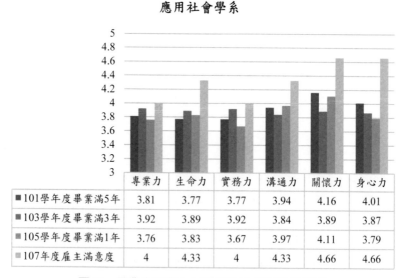

應用社會學系

	專業力	生命力	實務力	溝通力	關懷力	身心力
■101學年度畢業滿5年	3.81	3.77	3.77	3.94	4.16	4.01
■103學年度畢業滿3年	3.92	3.89	3.92	3.84	3.89	3.87
■105學年度畢業滿1年	3.76	3.83	3.67	3.97	4.11	3.79
■107年度雇主滿意度	4	4.33	4	4.33	4.66	4.66

圖27　畢業生就業六力調查分析-應用社會學系

（十九）國際事務與企業學系

　　整體而言，雇主在六力滿意度低於105學年度畢業生自我感受，高於101學年度和103學年度畢業生感受表現。其中，畢業生除實務力，在其餘五力自我感受表現是逐年下降。另外，105學年度畢業生在六力自我感受表現最佳，103學年度畢業生除實務力自我感受表現較弱，其餘五力自我感受表現為次佳，101學年度畢業生則是除實務力外，其餘五力自我感受表現較弱（如圖28）。

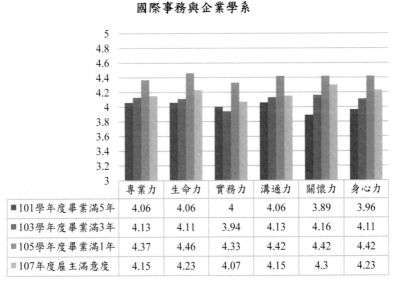

國際事務與企業學系

	專業力	生命力	實務力	溝通力	關懷力	身心力
■101學年度畢業滿5年	4.06	4.06	4	4.06	3.89	3.96
■103學年度畢業滿3年	4.13	4.11	3.94	4.13	4.16	4.11
■105學年度畢業滿1年	4.37	4.46	4.33	4.42	4.42	4.42
▨107年度雇主滿意度	4.15	4.23	4.07	4.15	4.3	4.23

圖28　畢業生就業六力調查分析-國際事務與企業學系

肆、畢業生追蹤與雇主滿意度調查在六大核心能力之結論與建議

一、結論

1. 全校：雇主滿意度在六力表現較高於101學年度、103學年度及105學年度畢業生自我感受表現。其中，在畢業生自我感受表現方面，以專業力自我感受表現最佳，其次為生命力；反之雇主滿意度方面，以身心力最佳，其次為溝通力；雖畢業生自我感受表現與雇主滿意度未達一致，但雇主滿意度在身心力的表現可說是本校致力推動生命教育之成效。

2. 管理學院：整體而言，雇主滿意度在實務力、溝通力、關懷力和身心力皆高於畢業生自我感受表現。另專業力自我感受表現逐年上升，其原因可能是科系屬性相較其他院在就業過程中頗需專業性，以致就職經歷累積而成；同時，畢業生自我感受表現除103學年度外，以專業力最佳，其次為生命力，反之雇主滿意度以溝通力最佳，是以管院畢業生自我感受表現和全校自我感受表現雖有一致現象，然卻在雇主滿意度上的溝通力未達一致。另就各學系（所）而言，以文化創意事業管理學系和旅遊管理學系在六力自我感受表現最佳，雇主滿意度皆高於畢業生自我感受表現。然就財務金融學系，雇主在關懷力以外的其餘五力，滿意度高於各年度畢業生自我感受表現；而企業管理學系，雇主滿意度僅在溝通力、身心力和關懷力高於畢業生自我感受表現。

3. 人文學院：整體而言，雇主滿意度在六力較高於畢業生自我感受表現，但在實務力和關懷力的自我感受表現卻是逐年下

降;同時,在六大核心能力,101學年度、103學年度、105學年度畢業生各自以專業力、生命力和關懷力自我感受表現最佳,雇主滿意度則以關懷力和身心力最佳;雖人院在畢業生自我感受表現各年度未達一致,然雇主滿意度在身心力表現卻與全校自我感受表現有所一致。另就各學系(所)而言,以文學系和宗教學研究所自我感受表現最佳,雇主滿意度在六力較高於畢業生自我感受表現,其次為幼兒教育學系和外國語文學系,僅有五力雇主滿意度較高於畢業生自我感受表現,生死學系雇主滿意度則僅在實務力和關懷力外高於畢業生自我感受表現,其餘四力低於畢業生自我感受表現。

4. 科技學院:整體而言,雇主在六力滿意度高於畢業生自我感受表現,畢業生在實務力和身心力的自我感受表現,是逐年上升;在六大核心能力,畢業生自我感受表現和雇主滿意度皆以專業力最佳,可見畢業生自我感受表現與雇主滿意度互為一致的同時,也與全校畢業生自我感受表現一致。就各學系(所)而言,資訊管理學系和自然生物科技學系自我感受表現最佳,雇主在六力滿意度高於畢業生自我感受表現;資訊工程學系僅在關懷力,雇主滿意度高於畢業生自我感受表現,其餘五力雇主滿意度低於畢業生自我感受表現。

5. 藝術與設計學院:整體而言,雇主在六力滿意度高於畢業生自我感受表現;六大核心能力,以103學年度和105學年度溝通力最佳,其次各為專業力和生命力,101學年度以關懷力最佳,專業力次之,反之雇主滿意度則是身心力最佳;雖藝術與設計學院在畢業生自我感受表現與雇主滿意度未達一致,然雇主在身心力滿意度卻與全校自我感受表現有所一致。其中,關懷力的自我感受表現是逐年上升。就各學系(所)而言,以視覺藝術與設計學系和建築與景觀學系表現最佳,雇主在六力滿意度高於畢業生自我感受表現;民族音

樂學系除溝通力外，其餘五力皆是雇主滿意度高於畢業生自我感受表現；產品與室內設計學系僅在溝通力，雇主滿意度高於畢業生自我感受表現。

6. 社會科學院：整體而言，雇主在六力滿意度高於畢業生自我感受表現；在六大核心能力，除103學年度以專業力最佳，101學年度和105學年度畢業生自我感受表現皆以關懷力最佳，各年度其次分別為溝通力和生命力，而雇主滿意度也以關懷力最佳，可見畢業生自我感受表現與雇主滿意度兩者互為一致，但畢業生在溝通力、關懷力和身心力的自我感受表現卻逐年下降。就各學系（所）而言，以傳播學系和應用社會學系表現最佳，雇主在六力滿意度高於畢業生自我感受表現；國際事務與企業學系表現較弱，雇主在六力滿意度低於105學年度畢業生自我感受表現。

7. 五院分析趨勢

（1）101學年度畢業滿5年畢業生：專業力以管理學院自我感受表現最佳，社會科學院自我感受表現較弱；生命力則是管理學院與藝術與設計學院自我感受表現最佳，科技學院自我感受表現較弱；實務力、溝通力、關懷力和身心力皆以藝術與設計學院自我感受表現最佳，實務力以社會科學院自我感受表現較弱，管理學院在溝通力、關懷力和身心力自我感受表現較弱（如圖29）。

101學年度畢業生滿5年

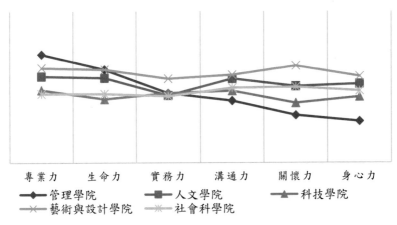

專業力　生命力　實務力　溝通力　關懷力　身心力

◆ 管理學院　　■ 人文學院　　▲ 科技學院
✕ 藝術與設計學院　　✳ 社會科學院

圖29　五院分析-101學年度畢業滿5年

（2）103學年度畢業滿3年畢業生：專業力和生命力以管理學
　　院自我感受表現最佳，實務力、溝通力、關懷力和身心
　　力皆以藝術與設計學院自我感受表現最佳；科技學院在
　　專業力、生命力、實務力、溝通力和身心力自我感受表
　　現較弱；管理學院則是在關懷力自我感受表現較弱（如
　　圖30）。

103學年度畢業生滿3年

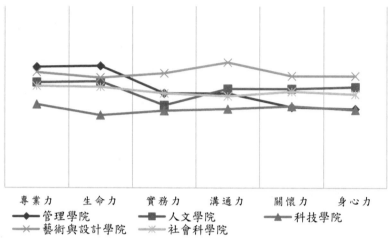

專業力　　生命力　　　實務力　　　溝通力　　　關懷力　　　身心力

◆ 管理學院　　■ 人文學院　　▲ 科技學院
✕ 藝術與設計學院　　✳ 社會科學院

圖30　五院分析-103學年度畢業滿3年

（3）105學年度畢業滿1年畢業生：專業力、生命力、實務力、溝通力和身心力皆以藝術與設計學院自我感受表現最佳，反之專業力、實務力、溝通力、關懷力和身心力皆以管理學院自我感受表現較弱，生命力則為科技學院（如圖31）。

105學年度畢業生滿1年

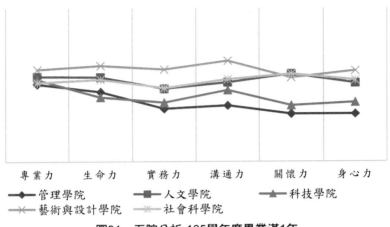

圖31　五院分析-105學年度畢業滿1年

（4）雇主滿意度：專業力以科技學院表現最佳，生命力以社
　　會科學院表現最佳，實務力以管理學院和科技學院表現
　　最佳，溝通力以管理學院表現最佳，關懷力則是社會
　　科學院表現最佳，身心力則以藝術與設計學院表現最佳
　　（如圖32）。

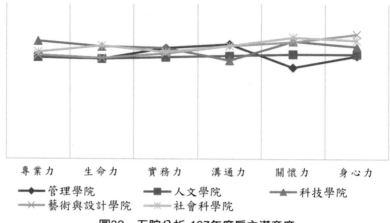

五院分析-107年度雇主滿意度

專業力　　生命力　　實務力　　溝通力　　關懷力　　身心力

◆ 管理學院　　　　■ 人文學院　　　　▲ 科技學院
✕ 藝術與設計學院　　✱ 社會科學院

圖32　五院分析-107年度雇主滿意度

二、建議

1. 建請各學院各學系（所）參照分析結果，檢視、討論和修正課程地圖與舉辦活動之核心能力，並提出檢討改善措施。
2. 建請各學院學系（所）規劃畢業生再次回校進修管道與課程，使畢業生能針對畢業後職能不足之處，進行職能強化。
3. 建請各學院學系（所）邀請雇主進行座談會或出席課程會議，了解產業所需人力職能的同時，促進系所與產業界之合作。

伍、經驗總結

一、目前遭遇的困難

（一）組織定位尚待提升：校務研究辦公室定位尚不明確，以致校務研究分析結果，無法有效透過行政力量提供各院系知悉的同時，要求各院系針對研究報告結果和建議，提出改善方針及檢視改善進度。

（二）職責較為多元：校務研究辦公室應主以校務研究為主，進行校務、學生學習和教師教學等各面向之資料分析，以發揮證據本位之校務管理之功能，然因本校校務研究辦公室之人力經費較多來自教育部相關計畫，是以除校務研究工作外，尚須執行校務研究以外之業務，以致無法全心致力於校務研究。

（三）人力仍需擴充：本辦公室專職人員僅有博士後研究員和碩士專案助理各一名，另有教授擔任兼職研究人員若干人，所以在校務資料的清理、盤點和分析、智能平台的建置，以及協助全校各業務單位進行資料分析，無法一次全盤到位，僅能逐年遞增，以逐年拓展業務單位之合作模式進行業務之推動。

二、特色

（一）以業務單位為主，校務研究單位為輔的證據為本校務管理模式：校務研究辦公室分析業務單位所蒐集之數據資料後，將資料分析結果回饋業務單位，以利業務單位要求各院系（所）提出改善方針，並由業務單位和校務研

究辦公室共同檢視各院系（所）改善之情況，以使校務研究之分析能獲得有效利用，不致形成行政雙頭馬車之影響，且能解決上述組織定位較為不明之困境。

（二）從入學、在學、到就業的一貫性學生學習成效分析：如前所述，本校務研究辦公室的校務研究範疇包含校務、學生學習成效和教師教學，其中在學生學習方面，更是形成「學生入學-學生在學-學生就業」在六大核心能力方面的一貫性分析，其調查結果不僅是了解學生六大核心能力的在學能力培育成效，更是串接學生就業後的能力展現，以及雇主滿意情況等，其調查分析結果可作為各學院各系所在課程設計、教師教學以及招生專業化尺規建置等方面之參考。

三、未來發展的方向

（一）持續擴大和深化以業務單位為主，校務研究單位為輔的校務管理模式。

（二）校務研究分析方面，可逐年遞增學校行政業務單位合作對象，增加校務研究議題之廣度與深度，並力邀各業務單位或各學院各學系所之教師參與校務研究與學生學習成效之議題分析。

（三）教師教學研究方面，可協助教務處教學品保組和教師教學發展中心進行教師教學、職能、教師工作等相關議題之分析，進而促使本校教師職能與教學品保，形成系統性連結，以利教師教學品質之提升。

參考文獻：

李玟霞、符碧真（2017）。全球視野在地化的校務研究：以國立臺灣大學經驗為例。**教育科學研究期刊，62**（4），1-25。

南華大學教學卓越計畫辦公室、教務處（2014）。**103年教學卓越計畫成果 分項計畫D：強化課程（學程）整合力與跨域力 各院系所核心能力及能力指標手冊**。嘉義縣：南華大學。

美通社（2019）。**2020QS世界大學畢業生就業力排名**。2020年1月13日擷取自https://n.yam.com/Article/20190919997105。

MBA（2020）。就業力。2020年1月13日擷取自https://wiki.mbalib.com/zh-tw/%E5%B0%B1%E4%B8%9A%E5%8A%9B。

Association for Institution Research (2019). *Duties and Functions of Institutional Research*. Retrieved from https://www.airweb.org/ir-data-professional-overview/duties-and-functions-of-institutional-research.

Terenzini (1993). ON THE NATURE OF INSTITUTIONAL RESEARCH AND THE KNOWLEDGE AND SKILLS IT REQUIRES. *Research in Higher Education, 34* (1) , 1-10. Retrieved from https://link.springer.com/content/pdf/10.1007%2FBF00991859.pdf.

初探學習動機的改變對就業表現之影響
——以中山大學為例

中山大學校務研究辦公室助理研究員
陳繼成博士

中山大學師資培育中心助理教授（通訊作者）
林靜慧

摘要

　　教育為大學的主要工作之一，更為學生就學的首要任務。大學身處銜接中小學的基礎教育與就業職前教育的階段，學生可透過專業知能的訓練培養以進行自我加值，更能藉由多樣化的跨域彈性修課來探索未來職涯發展的可能。因此，高等教育機構在學生就業與發展的培養上佔有舉足輕重的角色。本文以中山大學為例，分享學校對於學生職涯能力的培養、調查與評量學生的學習動機與就業情況，並且以校務研究資料庫的數據為基礎進行學生學習動機、畢業後流向與就業表現的分析，並綜合上述評估中山大學在學生就業培養上的成效，最後進行總結與討論，提出未來可能的發展方向。

壹、緣起

　　在校務研究的範疇中，學生的學習成效為重要的一環（彭森

明，2018）。因而，對於學生學習成效的評估遂成為大學校院在推動校務研究中備受關注的重要議題。是故，本文希冀透過中山大學校務研究推動的經驗，尤其是在學生學習歷程與畢業後就業力的議題分析，有助於國內其他學校在議題規劃與分析有較為新穎的思考方向，確保教學整體優質成效。然由於各校的學生組成規模、組織文化與學校定位有所不同，故在進行校務研究議題規劃與分析時，應考量學校本身的組織脈絡，方能對於後續推動提供建設性的回饋與改進（林博文、江東亮，2018）。基於上述理念，以下呈現中山大學的具體案例及作法以供參考，包含了中山大學進行校務研究在學生學習成效議題發掘、相關資訊蒐集及持續滾動修正，乃至最後的評估方案成效。

貳、前言

在現今研究掛帥的高教生態中，如何檢視教育的本質，探究大學生於畢業後之就業能力為一校務研究工作者應銘記於心的議題之一。以學生的角度觀之，其在校期間最明確的學習成效指標即為學業成績，然影響就業表現的不僅為學業成績此單一項指標，甚至不同課程之教學目標與就業所需能力之培養亦截然不同，因此若單用學業成績作為就業力的指標並不合適。舉例來說，基礎課程與專業課程著重的目標並不相等，所提供學生能力的培養亦有所不同，因此若單以基礎課程成績或是專業課程成績作為就業力的表現則就有所限制。另一方面來說，就業力所探究的不僅學生的專業能力，學生的人格、態度、抗壓性、國際觀等亦與就業力有所關聯，因此若欲調查學生之就業力，應廣泛針對所須之數據進行全面性的調查。

在學生就學階段，學校不僅能提供學生的基礎能力與專業能力的培養，亦能根據學校辦學目標提供學生各種不同的輔助與支

持，諸如學習態度的培養與學習興趣的探索等（彭森明，2010）。在過往與職場的表現之影響因子的相關研究中，多以背景變項、學業表現或學習經驗為主軸，廖年淼、劉玲慧與賴靜瑩（2012）在其研究中即指出性別以及工作時數與初入職場的薪資及工作級職有關聯性。根據文獻的回顧，可初步了解影響學生就業後的因素錯綜複雜，除了學業成就之外，性別、學院、證照、學習經驗等等因素均可能對其造成影響。而不同就業表現的指標（工作薪資、工作滿意度、工作績效等）亦有其不同的影響因子。

　　在學習態度上，學習動機為一重要的影響因子，在就業上亦同。Clements（2017）應用目標設定理論與工作需求資源模式來調查研究生的學習動機如何影響其職涯行為的表現，研究發現學生透過專業技能的培養及人際網絡的建立對於就業力有其正面助益；然而學生的學業表現並不顯著影響學生面臨職場的就業力。國內在學習動機相關研究有一部分聚焦於成人的學習動機與在職績效的部分，如吳歆嬝與陳桂容（2011）進行了學生學習動機與學習滿意度的相關研究，在結論中討論到學生的學習動機一部分是由於職務上的需求，如為了增加就業競爭力與晉級加薪等，不同的動機會衍生出不同的學習效果，然其相關分析結果顯示工作績效構面中的任務績效、脈絡績效與學習動機各因素構面所呈現的相關性低（相關係數介於-.04～.26之間）。李宜玫與孫頌賢（2010）以臺灣高等教育資料庫的問卷進行大三學生選課動機與學習投入之分析，發現到學生的自主性動機與學習投入在學習歷程中有正向助益，凸顯了學生自主學習的重要性。此外，陳榮政與張家淇（2017）分析臺灣大學生的學習動機、學習投入對學習成效的關係，發現到透過學習投入中介影響，學習動機有助於學生學習成效。因而，教師透過教學活動的安排與師生互動是提升教學品質的保證。綜合上述發現，過往研究多半受限於單一性質問卷的填答，因而在對於大學生就業力的論述仍相當受限。因此，本文冀能彌補過往研究之不足，

並充分運用校務數據資料，同時串接大學生學習經驗問卷及畢業生追蹤調查問卷，俾有利於窺究學生從就學到畢業就業的縱貫歷程發展。

在本文中，筆者著重於學生學習動機與其就業表現之關聯性：倘若學習動機會影響學業成就，在學業成就與就業表現有所關聯的情境下，該相關性或多或少將會存在。然綜合考量不同學校與不同文化及不同的高等教育體系，均不易複製出相同的模式來提供決策者一個明確的答案，因此，在此篇文章中，筆者調查中山學生於就學期間，其學習時的學習動機的變化，並且認為學生在學校的培養下，學習動機應該有所增長。在這樣的前提下，假定當學生的學習動機有所提升，將對其就業力有所助益。在本章節中，筆者首先盤點中山大學在學生能力培養上的作為；其次描述學生的畢業現況，並調查中山大學畢業生的流向；接著分別針對就業與升學的畢業生進行縱貫資料的調查，探究學生學習態度動機的增長是否確實對其就業與升學有所幫助。最後，綜整調查的結果，進行總結與討論，提出未來可能的發展方向。

參、中山大學學生職涯能力培養

中山大學為南臺灣一學術與教學並重的研究型大學。在專注發展學術研究的同時，亦十分關注學生的學習情況與人才的培育。在學生的栽培上，中山大學以培育社會菁英與領導人才為教育目標，落實教學創新。並以整合教學資源與激發教師教學熱情為主要方向，落實學生學習並激發學生學習動機為教學策略，建構多元人才培育制度，培育學生專業能力。

為了因應社會的快速變遷，除了基礎能力與專業能力的培養外，中山大學亦注重學生跨領域人才的培育，期待藉由推動跨領域議題導向課程，提高產業連結及實作的比重，有助學生將知識與技

能進一步建立內在連結，進而提升學生學習成效。近年來，中山大學推動跨領域課程教學、微學分、創新創業課程與共學群等課程，除了培養學生專業能力外，亦藉由跨領域合作與專業的結合，為學生自身的學歷加值，以期能在職場上更能凸顯自己的亮點與特色，進而一展長才。整體來說，中山大學於學生職涯能力的培養策略主要可分為以下兩點：

一、關鍵基礎能力的培養

　　在基礎能力的培養上，中山大學著重於中文能力、外語能力與資訊能力三大方向。在中文能力部份，中山大學主要以提升大學生閱讀書寫能力為目標，推動西灣樂讀計畫，著重於推動古今文學與古典文化的創意應用，藉此深化且活化學生的閱讀與書寫能力，試圖將閱讀與書寫能力延伸至學生未來就業面的實際應用，進而增進其就業能力。在外語能力方面，亦試圖提升英文閱讀書寫能力，課程以深化學生語言溝通能力為核心，強化語言與文化或專業的深度，並與在地文化連結。為加強學生寫作及口語溝通能力，以多元評量取代傳統測驗，旨在讓學生承擔社會責任、創造在地文化、拓展全球視野、建立自主終身學習能力。最後，在資訊能力部份，中山大學108年已開設101門程式設計相關課程，學士班應屆畢業生中超過六成的學生已修讀程式設計相關課程，且其對於自身在修課完畢後之學習成效均有高度的自信程度。不同關鍵能力的培養，均表現出中山大學對於學生基礎能力培養的重視。

二、跨域合作的推廣

　　近年來，時代快速的發展，跨學科能力的培養與合作能力日亦被重視。根據經濟合作與發展組織（Organisation for Economic Cooperation and Development, OECD）的學習架構（The OECD Learning Framework 2030）指出，在2030年的時候，知識（Knowledge）、技能（Skill）及態度與價值（Attitudes and Values）都具有多元的內涵，除了聚焦於學生的語言能力外，跨學科（interdisciplinary）知識與合作能力的培養亦為十分重要的一環。因而中山大學遂推動跨領課程的開設，並於108學年度成立16個議題導向共學群，包含36個學分學程，透過師生共學、社區與產業連結、「西灣出走希望高雄」工作坊、「西灣談共學」等方式，將學習自主、議題導向、問題解決、產業連結等融入於課程設計，提升學生的學習動機，並引導學生建立跨域整合之學習策略，更近一步藉以提升職場就業能力。

　　在中山大學的校內學生學習成效調查（國立中山大學校務研究辦公室，2019）發現到大多數修習跨領域課程的學生多半採以選修課方式修課，而非將其視為學程（program）的概念，故跨領域學程的完成率不高，其中，有修跨領域課程學生的專業必修平均成績均較未修課學生高，且學生之專業必修平均成績在修課後表現較修課前佳，綜合此兩分析結果足以顯示跨領域課程對學生專業必修成績之正向影響。是故，筆者試圖將其學習成效進行延伸分析，提供學校對學生的栽培能提供學生於就業能力上的證據。

肆、學生就業與發展的評量與調查

　　在積極培育學生就業能力的同時，學生是否在其就業表現能展現出成效呢？為了調查此問題，筆者將在本章節以中山大學為例，探究學生學習動機與就業力的關係。中山大學受惠於既有之學生學習成效評量系統（Collegiate Outcomes of Learning Assessment，COLA）與畢業生流向追蹤調查，完整蒐集學生大一至大四之學習心理特徵之測量，並能串接學生至畢業後一年至五年之數據，縱貫

性的調查學生在學表現與其就業之關連性。在本小節中，筆者將分別介紹此次調查所使用的COLA量表、畢業生流向追蹤調查以及所使用之變項及定義，並且描述使用之樣本分布情況與分析方法。

一、COLA量表

自98學年度起，中山大學使用「大學生學習與生活檢核量表（Student Evaluation on Learning and Life Scale, SELF）」，作為教學／生活輔導及招生策略訂定之參考。期望能夠透過蒐集學生校內外生活的學習經驗與學習參與狀況，更深入了解大學生學習的品質與成果，並依此作為改善學校辦學績效與提升教育品質之依據。在累積5年經驗後，中山大學於102學年度擴充SELF題項，建立中山大學「大學生學習成效評量（Collegiate Learning Outcomes Assessment, COLA；與SELF統稱SELF-COLA）」長期追蹤資料庫，將調查的主題聚焦於學校教育、學習與生活經驗、學習成效、身心發展適應與就業力之連結上，更有系統地蒐集資料並強化後續學生學習輔導機制。107學年度起，考量COLA系統的龐大題庫對學生的填答負擔與其對填答意願的潛在影響，中山大學對其進行精簡，透過既往的分析資料，將部分影響學生學習成效較為薄弱的題項移除，並且整合校內不同問卷的內容，在保有其原功能性的前提下，將其題數縮減至原始的一半左右（約100題），俾能更有效率地進行評估，同時，此系統亦易名為Collegiate Outcomes of Learning Assessment（COLA）（施慶麟、林靜慧、林萃芃，2018）。

COLA系統規劃於大一至大四共同面向進行長期施測及追蹤，然不同年級之間仍各有不同的題項進行學生多元面向的評估，學生依其年級不同而填答不同的題項（林靜慧、陳俊宏、施慶麟，2017）。大致而言，大一著重學習參與、大二至大四則同步測量學習經驗及教與學面向相關的構念。另外配合大三及大四學生就業規

劃的需求，此兩個年級的問卷增加了生涯自我效能及職業意向面向的構念。

　　學習動機是心理學家自1970年代聚焦探究的重要構念，包含了內在動機（intrinsic motivation）與外在動機（extrinsic motivation），前者是源自個體內在自發性的意願及興趣驅使所引發的行為表現，後者則是個體基於工具性目的（如實用性或利益考量等等）所促發的行為效果（李宜玫與孫頌賢，2010）。然而不論何種學習動機，在教育環境上皆與學生的學習成效有相當的關聯性。在本篇文章中將學習動機視為整體的構念包含內在及外在動機，亦即在COLA的學習動機測量中，共包含四個面向，17道試題。四個面向分別為自我效能、工作價值、內在動機與外在動機，四個面向的定義如下表1所示。其中，學習動機測量的工具信度與效度如下表2所示，各分量表之內部一致性（alpha）均高於0.8（0.81 - 0.92）、收斂信度（Construct Reliability，CR）高於0.6（0.84 - 0.95）、聚合效度（convergent validity）中的平均變異抽取量（Average Variance Extracted, AVE）大於0.5（0.59 - 0.81）。整份量表的建構效度上，不論是二年級或是四年級的量表，其比較性適配指標（Comparative Fit Index，CFI：0.94與0.96）、非規範性適配指標（Non-Normed Fit Index，NNFI：0.93與0.95）、標準化均方根殘差（Standardized Root Mean quare Residual，SRMR：0.04與0.04）與近似均方根誤差（Root Mean Square Error of Approximation，RMSEA：0.06與0.05）均在參考標準內，種種證據顯示該量表具有良好的測驗品質。

表1 學習動機名詞內涵

名詞	測量內涵
自我效能 （Self-Efficacy）	自我效能是指您在從事學習活動時，對自己的能力是否具備成功學習的能力與信心之主觀評估。
工作價值 （Task Value）	工作價值是指您對其所學學科的興趣、有用性和重要性所做的價值評估，意即學習者對於學科學習的主觀感受。
內在動機 （Intrinsic Motivation）	內在動機是一種您內發的動機，是您在從事學習活動的過程中，因活動本身所獲得的興趣與滿足感。
外在動機 （Extrinsic Motivation）	外在動機是指您從事學習活動時基於外在的誘因或報酬，而不是出自於學習活動本身的樂趣與滿足感。

表2 COLA學習動機問卷信、效度分析彙整

年級／學習動機		二年級				四年級			
指標		自我 效能	工作 價值	內在 動機	外在 動機	自我 效能	工作 價值	內在 動機	外在 動機
題數		4	6	4	3	4	6	4	3
內部一致性信度（alpha）	>.80	0.90	0.92	0.86	0.81	0.92	0.94	0.89	0.85
收斂信度（CR）	>.60	0.92	0.95	0.89	0.84	0.93	0.96	0.89	0.85
聚合效度（AVE）	>.50	0.70	0.66	0.62	0.59	0.76	0.81	0.68	0.65
建構效度指標 （CFA）	RMSEA	<.08		0.06				0.05		
	SRMR	<.08		0.04				0.04		
	CFI	>.90		0.94				0.96		
	NNFI	>.90		0.93				0.95		

二、畢業生流向追蹤調查

　　面臨勞動市場供需失調的挑戰，畢業生流向追蹤調查亦為衡量學術單位辦學重要績效指標之一，更是本校對於改進其教學課程及學生輔導回饋機制的參考依據。為掌握人才培育及其流向發展，校務研究辦公室委由本校民意調查中心擴大辦理畢業生問卷調查，進行追蹤畢業滿1年、3年及5年學生流向情形，蒐集畢業生回饋意見與發展成效，除了教育部設計公版試題共計13題外，本校更進一步透過校內行政單位（如祕書室、教務處、通識教育中心等）及學術

系所討論後擴增題項共計40題左右進行電話調查，包括有關畢業生之校務發展之回饋意見、學生能力素養與職涯發展之關連、學生學習成效與畢業表現、以及系所特色等面向，俾利掌握畢業生於畢業後之職涯發展情形。調查完成後，民調中心並將各題項的分析結果回饋給各單位，也會提供原始資料至校務研究辦公室作為後續分析使用。在本章節中，為了調查學生畢業後表現，將使用畢業生流向追蹤調查中使用的試題，使用題項如下表3所示。由於目前僅有畢業後1年問卷與COLA有共同受試者，因此本文所使用之畢業後問卷均為畢業後一年問卷。

表3 分析使用之畢業生流向追蹤調查題項

題目	選項	
您目前的工作狀況為何？	1. 全職工作 2. 部份工時	3. 家管／料理家務者 4. 目前非就業中
您畢業後花了多久時間找到第一份工作？	1. 約1個月內 2. 約1個月以上至2個月內 3. 約2個月以上至3個月內 4. 約3個月以上至4個月內	5. 約4個月以上至6個月內 6. 約6個月以上，_____月 7. 畢業前已有專職工作 8. 畢業前已找到
您現在工作平均每月收入為何？	1. 約22,000元以下 2. 約22,001元至25,000元 3. 約25,001元至28,000元 4. 約28,001元至31,000元 5. 約31,001元至34,000元 6. 約34,001元至37,000元 7. 約37,001元至40,000元 8. 約40,001元至43,000元 9. 約約43,001元至46,000元 10. 約46,001元至49,000元 11. 約49,001元至52,000元 12. 約52,001元至55,000元	13. 約55,001元至60,000元 14. 約60,001元至65,000元 15. 約65,001元至70,000元 16. 約70,001元至75,000元 17. 約75,001元至80,000元 18. 約80,001元至85,000元 19. 約85,001元至90,000元 20. 約90,001元至95,000元 21. 約95,001元至100,000元 22. 約100,001元至110,000元 23. 約110,001元至120,000元
您目前未就業的原因為何？	1. 升學中或進修中 2. 服役中或等待服役中 3. 準備考試	4. 尋找工作中 5. 其他：不想找工作、生病…… _____

三、樣本描述

　　根據中山大學的規模，每年大學部入學的新生約為一千多位，畢業學生（含延畢生、轉學生等）則會稍有增加。本次分析筆者採用102學年度入學之大學部學生（含103以後轉學、102以前休學後復學等）共1,222位，此學生共填答COLA大二、COLA大四與畢業生流向追蹤調查畢業後一年問卷等。其分佈於全校六院（包含了工學院、理學院、管理學院、社會科學院、文學院及海洋科學學院），樣本描述如下表4所示。樣本可代表一個年級之學生分佈情況。由表4可得知中山大學其大學部的學生當中，工學院學生人數較多，海洋科學學院與社會科學院學生人數較少。就回收率來說，大二的回收率最高，全校有將近70%的學生進行填答；大四畢業前的回收率最低，全校回收率僅稍微高於40%；畢業生流向追蹤調查的回收率則因為中山大學使用電訪的方式，因此稍有上升，全校回收率約為54%；以所有調查均填答的比例來看，全校的回收率稍微高於25%。不同學院的回收率亦有所差異，大二COLA的部份以管理學院與社會科學院的回收率最高，均超過70%；大四COLA的部份則僅有工學院與海洋科學學院的回收率超過四成；畢業生流向追蹤調查（畢業後一年）的部份，則以工學院與管理學院回收率最高，均超過55%，其他則較低；以所有調查均有回覆的回收率來說，工學院的回收率最高，稍微高於30%。在樣本的代表性上，筆者進行卡方適合度檢定，調查填答的學生分佈與全體學生的分佈情形是否有顯著差異，結果顯示不論是大二COLA（$\chi^2_{(5)} = 1.06$，$p = .958$）、大四COLA（$\chi^2_{(5)} = 3.38$，$p = .642$）、畢業生流向追蹤調查（$\chi^2_{(5)} = 2.13$，$p = .831$）以至於全部填答的學生人數（$\chi^2_{(5)} = 6.39$，$p = .271$），其各學院人數組成與樣本總人數之百分比之差異均未達顯著水準，此結果不能提供樣本與母群有顯著差異之證據，進而做為樣本具有代表性證據。

表4　樣本於各學院之分佈情形

	樣本總人數	大二COLA		大四COLA		畢業生流向追蹤調查		全部填答	
		人數	回收率	人數	回收率	人數	回收率	人數	回收率
文學院	181	124	69%	72	40%	87	48%	39	22%
理學院	228	151	66%	85	37%	121	53%	51	22%
工學院	383	265	69%	172	45%	220	57%	115	30%
管理學院	201	148	74%	74	37%	112	56%	47	23%
海洋科學學院	139	92	66%	60	43%	76	55%	41	29%
社會科學院	90	63	70%	35	39%	49	54%	21	23%
全校	1,222	843	69%	498	41%	665	54%	314	26%

四、分析方法

在本章節中，筆者為了調查本校畢業學生其在校表現與就業的表現，進行描述性統計分析。此外，為了調查在校生的學習動機增長情況，使用成對樣本T檢定調查其差異之顯著性。最後結果將以交叉表與長條圖的方式呈現。

伍、學生畢業發展——就業

在收到樣本之後，筆者接續調查學生於就業比例（下表5）。初步分析發現，在665位樣本中，非就業中的比例最高，約佔70%（467位），全職工時的比例次高，約佔27%（184位），部份工時與家管／料理家務者則分別佔1.95%（13位）與0.15%（1位）。在本小節中，筆者率先探究就業的畢業生其畢業發展（全職工時與部份工時）。

一、學生就業表現

中山大學畢業流向追蹤調查的樣本中，就業的百分比接近30%
（197位），其中大部份為全職工時（93%）。分院來看，文學院、
管理學院與社會科學院之就業比例較高（48%～55%），理學院、
工學院與海洋科學學院之就業比例較低（13%～26%）。雖然就業
表現與全職工時與部分工時息息相關，考量部分工時亦屬於就業的
表現之一，選擇部分工時的畢業生亦有選擇全職工時的可能性，因
此不將此分開計算。此外，部分工時的人數與佔比較低（共13位學
生，百分比不足7%），由於樣本數過小，結果較為不穩定，故不
作單獨探討，因此後續的就業表現均納入全職工時一同計算。

表5　各學院畢業學生就業人數比例

	填答總人數	就業人數		就業比例
		全職工時	部份工時	
文學院	87	45	3	55%
理學院	121	16	4	17%
工學院	220	24	4	13%
管理學院	112	53	1	48%
海洋科學學院	76	19	1	26%
社會科學院	49	27	0	55%
全校	665	184	13	30%

接著筆者調查全校各院畢業學生其找工作時間之分佈（下表
6）。全校的數據顯示，約50%的學生在一個月內可以找到工作，
約18%的學生在四個月以上才找到工作。以不同學院來說，一個月
內找到工作的比例最高的為管理學院的畢業學生，約佔59%，四個
月以上找到工作的比例最高的為海洋科學學院的畢業學生，約佔
25%。

表6　各學院畢業學生找工作時間

	一個月以內		一至四個月		四個月以上		畢業前 已有專職工作	
	人數	比例	人數	比例	人數	比例	人數	比例
文學院	25	52%	13	27%	9	19%	1	2%
理學院	10	50%	5	25%	4	20%	1	5%
工學院	16	57%	7	25%	5	18%	0	0%
管理學院	32	59%	13	24%	8	15%	1	2%
海洋科學學院	8	40%	5	25%	5	25%	2	10%
社會科學院	8	30%	14	52%	5	19%	0	0%
全校	99	50%	57	29%	36	18%	5	3%

　　全校各院畢業學生其畢業後平均月薪如下表7所示。全校的數據顯示，約10%的學生其畢業後的平均月薪在兩萬五以下，在四萬以上的約有17%。以不同學院來說，平均月薪在兩萬五以下的比例最高的學院與平均月薪在四萬以上的比例最高的學院均為理學院，分別佔25%與30%。

表7　各學院畢業學生畢業後薪資（平均月薪）

	兩萬五以下		兩萬五至四萬		四萬以上	
	人數	比例	人數	比例	人數	比例
文學院	5	10%	37	77%	6	13%
理學院	5	25%	9	45%	6	30%
工學院	1	4%	20	71%	7	25%
管理學院	2	4%	40	74%	12	22%
海洋科學學院	4	20%	14	70%	2	10%
社會科學院	2	7%	24	89%	1	4%
全校	19	10%	144	73%	34	17%

　　綜整上述分析，可發現文組的學生（文學院、管理學院、社會科學院）畢業後就業比例較高，理組的學生（理學院、工學院、海洋科學學院）其畢業後就業比例較低。造成如此差異可能與不同領

域學生畢業後出路有關，關於學生畢業後升學之情況將於下一小節中進行探究，以畢業後就業的學生來說，可發現工學院與管理學院的學生畢業後的找工作時間較少，且畢業後平均月薪四萬以上的比例較高，可推論其畢業後就職情況較佳。雖然學生就業表現的影響因子很多，然筆者試圖找出學生就業表現的影響因子。有賴中山大學COLA系統的發展，筆者亦可探究在學校的栽培下，學生於其學習動機的提升情況。除此之外，筆者亦關注學生學習動機之提升情形與其就業力的關連性，因此本文將接著以中山大學的數據為例，介紹學生的學習動機與其畢業後表現的關連性。

二、學生學習動機與就業表現之關連性

根據上文可了解中山大學於該年度樣本中，填答大二COLA與大四COLA的學生人數分別為843與498人。其中共有430位學生是兩個問卷均有填答的。其中，以工學院人數最多（共佔34%），社會科學院最少（佔6%）。同時有填答大二COLA、大四COLA與畢業生流向追蹤調查（畢業後一年）的樣本約為整體的26%（314位），工學院比例最高（30%）文學院與理學院則最低（22%），人數分布如上表4所示。接著探討學生學習動機的提升情形。由於COLA大二與大四在學習動機的題項是完全一樣的，因此當學生大四的分數顯著高於大二的分數，則理應視為提升。如欲探討學生大四的分數是否顯著大於大二，則可使用成對樣本T檢定來檢驗。整體而言，中山大學學生在學習動機共四個向度中，並沒有任何一個向度的前後差異達顯著水準。

在經由前後測差異平均數檢定後，筆者獲得整體學生於前後測之分數沒有顯著差異的結論。然僅看平均數進行解釋恐有限制，因此為了對學生進行更進一步的探究，筆者欲調查學習動機有所提升的學生比例，並調查該學習動機提升的學生其於就業表現上是否與

未提升的學生有所異同。在定義上，筆者將學生學習動機提升的幅度進一步的與所有學生的提升幅度進行比較，倘若學生學習動機提升的幅度大於全年級平均提升的幅度，則定義為學習動機提升幅度較大之學生。實際的計算方式如下，D_{SM}為每一個學生S在學習動機M上提升的判斷。S為第1個學生到第1,222個學生，M則分別為自我效能、工作價值、內在動機與外在動機。$G4_{SM}$與$G2_{SM}$分別為學生在四年級與二年級學習動機M上的分數。$\overline{G4_M}$與$\overline{G2_M}$則分別為全體學生四年級與二年級在學習動機M上的平均分數。當$D_{SM} > 0$時則表示學生S在學習動機M上提升幅度較大，其餘則為其他學生。

$$D_{SM} = (G4_{SM} - G2_{SM}) - (\overline{G4_M} - \overline{G2_M})$$

$$\begin{cases} D_{SM} > 0，學習動機提升幅度較大之學生 \\ D_{SM} \leq 0，其他學生 \end{cases}$$

在計算每位學生之學習動機之提升幅度後，可透過計算學習動機提升的人數除以學生總人數來調查在學習動機上提升幅度較大的學生百分比，筆者將結果彙整如下表8。以全校來看，外在動機提升的學生比例較高，自我效能提升的比例較低。不同學院的學習動機提升情況類似。

表8　各學院學生學習動機提升幅度較大學生比例

	學習動機			
	自我效能	工作價值	內在動機	外在動機
文學院	26%	68%	69%	70%
理學院	32%	61%	68%	66%
工學院	28%	66%	68%	69%
管理學院	38%	66%	68%	68%
海洋科學學院	34%	64%	62%	74%
社會科學院	30%	67%	70%	67%
全校	31%	65%	68%	69%

為了調查學生學習動機提升幅度較大的學生於畢業後的表現，此研究以畢業後找工作時間與畢業後平均月薪為指標。下圖1為學生學習動機提升幅度較大的學生與其他學生找工作時間的長條圖。結果顯示，學習動機提升幅度較大的學生中，一個月以內找到工作的比例（53% ~ 63%）均較其他學生（39% ~ 51%）高，四個月以上才找到工作的比例（11% ~ 13%）則較其他學生（15% ~ 22%）低。

學習動機

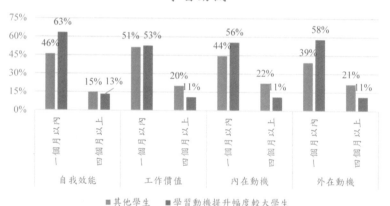

圖1　學習動機提升幅度較大的學生與其他學生找工作時間比較圖

下圖2為學生學習動機提升幅度較大與其他學生其畢業後平均月薪的長條圖。結果顯示，學習動機提升幅度較大的學生中，平均月薪在兩萬五以下的比例（3% ~ 4%）均較其他學生（6% ~ 11%）低。若以平均月薪在四萬以上的比例觀之，則學習動機提升幅度較大的學生（17% ~ 22%）較其他學生（7% ~ 16%）高。

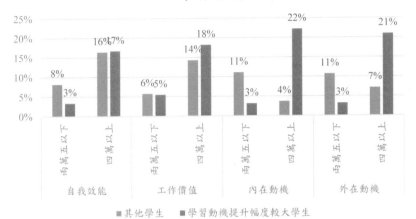

學習動機

圖2 學習動機提升幅度較大的學生與其他學生畢業平均月薪比較圖

陸、學生畢業發展──升學

　　相對於畢業後即步入職場，仍有部分學生於大學畢業後打算持續深造。根據上文，我們知道未就業的學生共為467位。其中未就業的原因分析則如下表9所示，以全校來說，升學中／進修中人數比例最高，共佔84%、準備考試其次，佔7%。兩者即超過所有位就業學生人數的九成。此結果顯示中山大學畢業生未就業的原因以升學、進修與準備考試為主要原因。分各學院來看，則可發現位就業原因為升學中／進修中的比例以工學院所佔百分比最高（96%），文學院則最低，僅約一半（51%）。文學院畢業生第二未就業原因則為準備考試，約佔31%。整體來看亦不脫全校之趨勢。值得注意的是，文學院、理學院與海洋科學學院未就業畢業生均約有10%的狀態為尋找工作中，顯示畢業後一年尚未找到工作，而此比例與工學院（1%）相比差異甚大。

表9　各學院畢業學生未就業人數與原因其比例

	升學中／進修中		服役中／等待服役中		準備考試		尋找工作中		其他：不想找工作、生病……	
	人數	比例	人數	比例	人數	比例	人數	比例	人數	比例
文學院	20	51%	3	8%	12	31%	4	10%	0	0%
理學院	82	81%	2	2%	6	6%	10	10%	1	1%
工學院	184	96%	3	2%	4	2%	1	1%	0	0%
管理學院	45	79%	1	2%	8	14%	2	4%	1	2%
海洋科學學院	45	80%	2	4%	4	7%	5	9%	0	0%
社會科學院	18	82%	0	0%	0	0%	1	5%	3	14%
全校	394	84%	11	2%	34	7%	23	5%	5	1%

　　相同的，筆者亦調查學生學習動機提升幅度較大與其他學生未就業原因的關聯性。結果顯示，學習動機提升幅度較大的學生中，未就業原因為升學／進修／考試的比例（92%～99%）均較其他學生（85%～90%）高。此外學習動機提升幅度較大的學生中，未就業原因為尋找工作中的比例（1%～5%）均較其他學生（6%～8%）低。

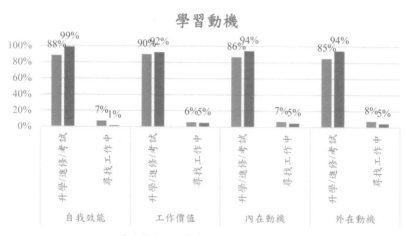

圖3　學習動機提升幅度較大與其他學生未就業原因比較圖

柒、結論與討論

　　根據筆者的調查，中山大學不同學院畢業生的就業比例有所不同：文組學生畢業後就業比例較高、理組學生畢業後就業比例較低。勞動部的調查指出，103-107年大專院校畢業生共有1,534,510位，其中有973,679位投保勞保全時，亦即有超過63%的畢業生投入全職工作。對照全國的數據，中山大學的就業率（各學院介於13%～55%）確實較低。以就業的畢業生表現來看，中山大學大學部畢業生找工作時間（一個月以下的約佔50%，四個月以上的約佔18%）與勞動部的全國數據（一個月以下約佔25%，四個月以上約佔35%）相比較短。以畢業薪資來說，與勞動部的全國數據相比（兩萬五以下約佔21%，四萬以上約佔25%），中山大學大學部畢業生畢業後薪資在兩萬五以下（10%）較低，然四萬以上的（17%）亦較低，顯示中山大學畢業生的畢業月薪分佈較全國數據集中（兩萬五至四萬之間）。以不同學院來說，中山大學工學院與管理學院的學生找工作時間在一個月以下的比例最高（分別為57%與59%）、畢業後薪資在四萬以上的比例亦較高（25%與22%）、畢業後薪資在兩萬五以下的比例則最低（均為4%），由此可發現其畢業後求職過程較為順利，薪資也較高。

　　持續探究學生學習動機的增長與就業表現的關聯性，發現學習動機提升幅度較大的畢業生，在畢業後的一個月內找到工作的比例較高，畢業後四個月以上才找到工作的學生比例則較低；以平均月薪來看，學習動機提升幅度較大的畢業生月薪兩萬五以下的比例較低，月薪四萬以上的比例則較高。由此結果可初步發現學習動機的增長幅度，與學生的就業表現有其關聯性。然仍需特別注意，此關聯性的驗證並非同等於學習動機的提升為畢業後表現的影響因子，影響學生就業力的因素甚為複雜，後續研究可持續探究此關聯性的

穩定程度，並考慮相關重要因素進一步分析。就實務推動面而言，學校應建置畢業生長期追蹤資料庫，如畢業後三年、畢業後五年甚至建立長期互惠的校友關係，並能滾動式修正題項以符合學生就業市場的變化及學生的就業表現。如此，方以能制定出合適之配套措施，讓學校能在專業能力的培養以外，提供更多學生在就業上的協助。

以未就業的學生來看，不論文組或是理組的畢業生，中山大學的畢業生大致以升學為主要目標，其中升學比例較低的為文學院，依然51%的未就業畢業生目前狀態為升學中／進修中，最高比例的工學院畢業生則有高達96%的學生的狀態為升學中／進修中。而此現象的原因推測為就讀中山大學的學生畢業後深造的意願較高，因此有較高比例的學生選則持續進修。而在這些學生當中，筆者亦發現在學習動機提升幅度較大之未就業的畢業生，選擇升學的比例較高，而期間在找工作的比例則較低於那些學習動機提升幅度較低的學生。由此結果可發現學習動機提升幅度較大的畢業生選擇持續就學的意願較強，反之，「畢業即就業」的現象則存在於學習動機提升幅度較低的學生，而這也反映了各大學校院學習輔導時宜充分針對這群學生強化自我的認識及了解，同時提供生涯定向輔導及規劃，以利於面對競爭的就業市場。

值得注意的是，此分析與前述關於學習動機與就業學生的成效分析皆需考量到變項之間是關聯性而非因果的對應關係，後續研究應更進一步探究其影響機制，學校端亦更需追蹤不同族群的學生在升學率與升學後表現等資料，以提供更多關聯性之證據。方可藉由客觀的數據，訂定出合適的引導策略，提供學生在畢業後不論在就業或是升學上之輔導。

未來建議

　　不論學生在畢業後選擇就業抑或是升學，本文均發現學習動機的提升幅度與其畢業後的表現有所關聯。對於升學的畢業生來說，學習動機的提升幅度似乎也有助於學生準備研究所考試；對於就業的畢業生來說，學習動機的提升幅度則似乎可縮短找工作的時間與提升工作薪資。然而學習動機究竟與就業力有何關聯性？為何學習動機的提升能影響學生畢業後的表現呢？

　　本文所探究的學習動機包涵了自我效能、工作價值、內在動機與外在動機四個部份。深入探究其內涵，可發現學生的學習動機與工作上所需之特質非常類似，例如自信心之主觀評估、對事件重要性的價值評估、從事件本身獲得的興趣與滿足感與基於外在誘因（報酬）而得到的樂趣等。筆者初步推測學習動機與就業表現的關聯性可能來自於其與就業動機的關聯性。然而，此推論仍待更進一步的研究持續追蹤調查。據此，筆者提供了三個未來建議方向，第一、學校應持續重視其教學能量，除了提供學生專業上的訓練，亦需著重學生軟實力的培養，因為學習態度及動機不僅影響學習投入，同時對於後續就業力皆有正面影響。其次，透過校務專業管理及運作機制，學校應有系統地針對畢業生資料持續追蹤，據以回饋並精進課程教學與教學策略，提供適當的課程規劃與教學模式，進而啟發學生的學習動機。此外，相關單位應有效運用校務資源並提供相對應的支援系統，提高學生學習成效，進而強化學生未來就業競爭力。最後，學生在畢業後的成就往往是經由各種不同的影響因子交互影響而來，諸如學習成效與性別等均有其重要性。因此就業表現的調查更應該大膽假設，小心求證。本文提出一個乍看之下並無關聯性的變項，然透過分析結果顯示，學生學習動機與就業表現存在一定程度的關聯，建議後續的研究可一併納入學習成效、性

別、學生學習歷程檔案資料等等，在廣泛的蒐集資料後酌以相關的理論基礎與文獻探討，挑選合適的變項並進行嚴謹的檢定，較為完整呈現學生學習動態歷程的變化與成效。

參考文獻：

吳歆嬡、陳桂容（2011）。進修部學生學習動機與學習滿意之相關研究－以南臺灣某科技大學為例。**中州管理與人文科學叢刊**，1（1），157-170。https://doi.org/10.7114/CCJMHSS.201103.0157

李宜玫、孫頌賢（2010）。大學生選課自主性動機與學習投入之關係。**教育科學研究期刊**，55（1），p.155-182。

林靜慧、陳俊宏、施慶麟（2017）。建立以數據驅動教育決策的學生學習成效平台。**教育研究月刊**，65，p.17-29

陳榮政、張家淇（2017）。臺灣大專生學習動機對學習成效影響之研究：以學習投入為中介變項。**高等教育**，12（1），p105-142

林博文、江東亮（2018）。**臺灣校務研究實務**。臺北：高等教育。

彭森明（2010）。**大學生學習成果評量：理論、實務與應用**。臺北：高等教育。

彭森明（2018）。**高等教育校務研究的理念與應用（第二版）**。臺北：高等教育。

施慶麟、林靜慧、林萃芃（2018）。臺灣校務研究實務：中山大學篇。**臺灣校務研究實務**。臺北：高等教育。

勞動部。**薪資行情及大專生就業導航**。取自https://yoursalary.taiwanjobs.gov.tw/salary/cgi-bin/cognosisapi.dll?b_action=cognosViewer&ui.action=run&ui.object=XSSSTART*2fcontent*2ffolder*5b*40name*3d*27*e5*b0*8d*e5*a4*96*e7*b6*b2*e9*a0*81*27*5d*2ffolder*5b*40name*3d*27*e9*a6*96*e9*a0*81*27*5d*2freport*5b*40name*3d*27*e9*a6*96*e9*a0*81*27*5dXSSSEND&ui.name=XSSSTART*e9*a6*96*e9*a0*81XSSSEND&run.outputFormat=&run.prompt=true

廖年淼、劉玲慧、賴靜瑩、楊家瑜（2012）。科技校院畢業生職場就業現況與相關影響因素之探究。**教育與社會研究**，（25），33-71。https://doi.org/10.6429/FES.201212.0033

國立中山大學校務研究辦公室（2019,March）。創刊號電子報，1。Retrieved from https://cqa.nsysu.edu.tw/p/406-1064-201358,r3962.php?Lang=zh-tw

Andrew James Clements & Caroline Kamau (2018). Understanding students' motivation towards proactive career behaviours through goal-setting theory and the job demands–resources model, Studies in Higher Education, 43:12, 2279-2293, DOI: 10.1080/03075079.2017.1326022

學生在學表現與勞動就業分析

國立中央大學校務研究辦公室博士後研究員（通訊作者）
黃歆詒

國立中央大學校務研究辦公室博士後研究員
黃祈勝

國立中央大學校務研究辦公室校務研究發展組組長
鄭保志

國立中央大學校務研究辦公室校務資訊研究組組長
蔡孟峰

國立中央大學校務研究辦公室主任
蘇木春

壹、前言

　　近年來由於人口結構改變，科技創新突破國界藩籬，少子化與全球化衝擊著臺灣高教環境，國內大學不僅需彼此於生源角力，還需面臨國際高教競爭、人才流失的外在威脅，臺灣高教也已不復三十、四十年前供不應求、錄取率只有20%的年代，考驗日益嚴峻。

校務研究也就因此在近五年迅速崛起、被廣泛的認知與運用，決策者期盼能從海量的校務以及學生各項的數據中擷取資訊，快速找尋學校的定位、優勢，將資源有效運用。在以往分析的議題中，校務經營較注重教育資源以及師生的投入面，類似成效衡量的產出面則鮮少被量化分析，因此本文旨在運用計量方法，進一步探討當學校挹注資金大興計畫、投入教學資源時，學生是否真能從中獲得應該具備的專業知識與能力以及就業後的學用合一。

本文首先對學生在學概況進行描述性統計分析，其後章節便針對學生職涯發展面向進行多變量迴歸分析。迴歸模型設定中，我們將就業穩定度以及投保薪資視為學生學習成果指標，據以檢視學生是否從學校教育策略目標中獲得該具備的知識與關鍵能力進而在職場中謀得職位且獲得報酬。在目前持有的三年個學年度離校學生勞保薪資異動資料中，我們勾稽學生學籍成績資料、並萃取出相關指標，最後根據實證結論進行政策建議。

貳、學生在學概況

一、入學管道

教育部自91學年度實施「大學多元入學方案」，期望能由以往一試定終生的聯考制度改為多元升學管道，學生得以依其興趣、能力與性向明確程度選擇適合的管道升學，大學教育得以實踐區域平衡、社經地位、族群等多元，落實適性揚才教育目標。大學多元入學主要包括「甄試入學制」與「考試分發入學制」，前者細分為學校推薦「推薦甄選入學制」與個人申請「申請入學制」，特點在於學校可選擇採用學科能力測驗或指定科目考試來選拔適合的學生。其後為了幫助弱勢學生，平衡城鄉差距，讓家庭社經地位較弱的學生也有機會進入優質大學就讀，教育部自96學年度起另辦理「繁星

計畫」甄選，此時學校推薦、個人申請、繁星計畫與考試入學四種入學制度並存。最後於100學年度起「繁星計畫」又納入學校推薦而成為「繁星推薦」，大學入學管道回復到三種，繁星推薦、個人申請與考試入學。

由於中央大學歷屆學生總數繁多，我們限縮觀察對象為100至105學年度入學學士班學生，六年期間總數共9,517人，參考圖1其中考試入學4,800人，佔總人數50.44%；個人申請入學2,448人，佔總人數25.72%；繁星推薦1,357人，佔總人數14.26%；其他[1]管道912人，佔總人數9.58%。總量比較可看出，指考分發入學學生人數佔比最多，其二是個人申請入學，而後是繁星推薦。圖2中可觀察到歷年的變化趨勢，我們發現歷年的學生總數排序也大約是如此，考試入學學生的比例呈現下降趨勢，而個人申請及繁星申請則是緩步增加的趨勢，顯示多元入學政策逐年落實發酵中。然而學生們又來自於那些地區呢?圖3可看出學生來源區域，顏色越深處人數越多，中央大學學生來源最多來自於新北市、桃園市、臺北市，其次為台中市、高雄市、臺南市、彰化縣以及新竹市。生源待開發地區，可參考類似這樣的資訊來加強區域性的行銷策略。

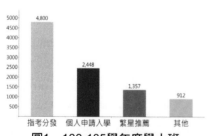

圖1　100-105學年度學士班
　　　入學管道人數

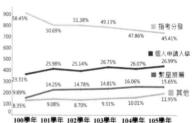

圖2　各管道入學歷年變動情形

---

[1]　其他包含僑生、轉學生、體育績優、身心障礙、指考分發外加、申請入學外加、外籍生、推薦甄試外加、四技二專推薦（甄選）、四技二專推薦（甄選）外加、派外人員子女返國入學、體育績優外加、申請入學向日葵計劃、績優推薦、交換生、繁星推薦外加等。

縣市	人數	人數佔比
新北市	1804	18.96%
桃園市	1595	16.76%
台北市	1465	15.39%
台中市	910	9.56%
高雄市	746	7.84%
台南市	467	4.91%
彰化縣	342	3.59%
新竹市	330	3.47%
新竹縣	279	2.93%
宜蘭縣	205	2.15%
雲林縣	172	1.81%
基隆市	152	1.60%
屏東縣	134	1.41%
苗栗縣	134	1.41%
嘉義市	114	1.20%
南投縣	111	1.17%
嘉義縣	101	1.06%
花蓮縣	71	0.75%
台東縣	37	0.39%
金門縣	16	0.17%
澎湖縣	15	0.16%
連江縣	1	0.01%
無資料	316	3.32%
Total	9517	100%

圖3　新學生來源地區分佈

二、修課概況

（一）跨域學習

　　科技的日新月異，世界潮流、產業型態亦隨時間推移不斷發展改變，就業市場的技能需求也快速變動，誰也無法預測在畢業後專業導向在哪裡，因此學生在就學期間多元學習、累積關鍵能力顯得重要許多。除了本科專業知識學習之外，我們對於學生跨領域進修進行觀

察，範圍為100-106學年度畢業[2]學士，總人數9,877人，歷年畢業生實際取得輔系、雙主修、專業學程學位的學生佔總人數約16-21%之間。

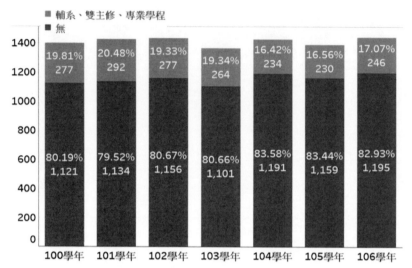

圖4　輔系、雙主修、專業學程歷年離校生佔比

　　我們將跨域學習者繼續細分修輔系、雙主修以及專業學程。按跨域學習取得門檻之難易程度排序，為雙主修、輔系以及專業學程；而真正取得跨域學位的人數總數分別為142、136、1604人次[3]。然而同學們最想學的、最熱門的跨域學習又什麼科系與課程呢？圖5可看出輔系前三名分別為，財務金融系、資訊工程系以及經濟系與法國語文學系並列；雙主修前三名分別為，財務金融系、資訊工程系以及英美語文學系；專業學程前三名分別為，企業資源規劃、會計以及地球科學資訊。

---

[2]　100-106學年度總離校人數10,830，退學人數953，畢業人數9,877，未排除延畢生。
[3]　有些學生同時修兩種跨域學程，因此此處為人次而非人數。

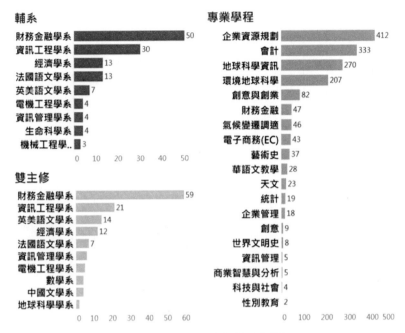

輔系

財務金融學系	50
資訊工程學系	30
經濟學系	13
法國語文學系	13
英美語文學系	7
電機工程學系	4
資訊管理學系	4
生命科學系	4
機械工程學..	3

0 10 20 30 40 50

雙主修

財務金融學系	59
資訊工程學系	21
英美語文學系	14
經濟學系	12
法國語文學系	7
資訊管理學系	
電機工程學系	
數學系	
中國文學系	
地球科學學系	

0 10 20 30 40 50 60

專業學程

企業資源規劃	412
會計	333
地球科學資訊	270
環境地球科學	207
創意與創業	82
財務金融	47
氣候變遷調適	46
電子商務(EC)	43
藝術史	37
華語文教學	28
天文	23
統計	19
企業管理	18
創意	9
世界文明史	8
資訊管理	5
商業智慧與分析	5
科技與社會	4
性別教育	2

0 100 200 300 400 500

圖5　跨域學習前五名科系與學程

　　然而什麼系的學生又較積極於跨域學習上呢？圖6可看出申請輔系來源最多的系別則是資管、企管、經濟系學生。雙主修前三名科系為企管、中文、資管系。專業學程大多數來源為大氣科學、企管、資管系。

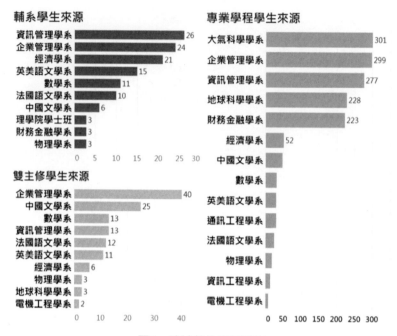

圖6　跨域學生來源系別

　　系所間又是哪些跨域學習的組合最多呢？圖7除可以看出來源
科系以及熱門標的科系，還可由流量看出雙主修的學生中，企管系
跨修財務金融學系者最多，其次是中國文學系跨英美語文學系、數
學系跨足資訊工程學系、資訊管理系跨財務金融學系。值得注意的
是，其中也有一些較不同屬性科系的組合，例如中文系跨足經濟、
電機、財金系的組合，以及經濟系跨足生醫科學與工程學系。

　　圖8可看出輔系學生，資訊管理系跨域修資訊工程學系者最多，
其次是經濟系跨域財務金融系，第三是企業管理系跨財務金融學系，
其後是數學系跨足資訊工程學系。較不同屬性科系的組合，例如中文
系跨域經濟、財金系的組合，以及企管系跨足生醫科學與工程學系。

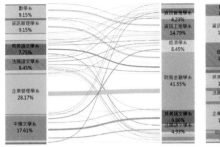
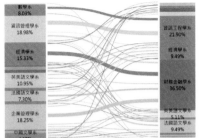

| 圖7　雙主修Sankey Diagram | 圖8　輔系Sankey Diagram |

（二）程式語言

　　根據校庫填報程式語言課程定義[4]，我們蒐集所有學生的選課資料與成績資料並進行整併，100-106年度離校生共10,830人在校學習過程中，曾經修過程式語言相關課程，且各種程式課程得分加權平均後分數及格者的人數為9,354（86.37%），沒有修過程式語言（或是有修但不及格）的人數則是1476（13.63%）。中央大學因為理工科系較多的緣故，有修程式語言（且加權平均成績及格者）的人數遠大於沒有修過的人數[5]。

　　圖10中顯示有修過程式語言的前三名科系，以科系人數比較，工院與資電院的機械工程、電機工程以及資訊工程系為前三名。然而按比例排名較能看出科系真實修程式語言的積極度，以修過的人數佔科系總人數比例而言，則是理院與管院的光電科學與工程學系、生命科學、財務金融學系占前三名。無修過程式語言的科系，以中文、法文以及英美語文學系則為前三名。根據此，關於程式語言課程的推廣，我們有較明確的科系來推動。

[4]　程式實作、程式應用、程式邏輯與運算思維。
[5]　本文有修過程式語言定義:有修過程式語言的定義為曾經修過程式語言相關課程，且各種程式課程得分加權平均後分數及格者。無修過程式語言的定義為完全未選過程式語言課程，或是各種程式課程得分加權平均後分數不及格。

表1　程式語言修習人數佔科系人數比例

以人數排名					以人數佔比排名				
院所	系列	修過程式語言人數	科系總人數	有修過程式語言人數佔自身科系人數比例	院所	系列	修過程式語言人數	科系總人數	有修過程式語言人數佔自身科系人數比例
工學院	機械工程學系	1,080	1127	95.83%	理學院	光電科學與工程學系	307	307	100%
資訊電機學院	電機工程學系	780	794	98.24%	理學院	生命科學系	116	116	100%
資訊電機學院	資訊工程學系	779	805	96.77%	管理學院	財務金融學系	460	464	99.14%
管理學院	企業管理學系	756	779	97.05%	理學院	化學系	314	317	99.05%
工學院	土木工程學系	736	763	96.46%	理學院	數學系	518	524	98.85%
管理學院	資訊管理學系	701	731	95.90%	理學院	物理學系	383	389	98.46%
地球科學學院	大氣科學學系	530	547	96.89%	資訊電機學院	電機工程學系	780	794	98.24%
理學院	數學系	518	524	98.85%	理學院	理學院學士班	128	131	97.71%
管理學院	財務金融學系	460	464	99.14%	管理學院	企業管理學系	756	779	97.05%

以人數排名					以人數佔比排名				
院所	系別	修過程式語言人數	科系總人數	沒修過程式語言人數佔自身科系人數比例	院所	系別	修過程式語言人數	科系總人數	沒修過程式語言人數佔自身科系人數比例
文學院	中國文學系	364	393	92.62%	文學院	中國文學系	364	393	93%
文學院	英美語文學系	364	410	88.78%	文學院	法國語文學系	337	367	92%
文學院	法國語文學系	337	367	91.83%	文學院	英美語文學系	364	410	88.78%
管理學院	經濟學系	116	481	24.12%	客家學院	客家語文暨社會科學	28	37	75.68%
工學院	機械工程學系	47	1127	4.17%	管理學院	經濟學系	116	481	24.12%
管理學院	資訊管理學系	30	731	4.10%	地球科學學院	地球科學學系	21	386	5.44%
客家學院	客家語文暨社會	28	37	75.68%	生醫理工學院	生命科學系	8	174	4.60%
工學院	土木工程學系	27	763	3.54%	工學院	化學工程與材料工程	19	417	4.56%
資訊電機學院	資訊工程學系	26	805	3.23%	工學院	機械工程學系	47	1127	4.17%

（三）選課種類——必選修選課佔比

　　中央大學選課種類共有13種，包含必修、通識、選修、暑修、校際暑修、預修、體育、軍訓、操行、勞動服務、教育學程、校際選課、境外選課。而修課佔比最高就是必修與選修課程，然每個院所對於必修、選修課的門檻要求不盡相同，為觀察一般常規大學學生學習的學分數，我們限縮觀察對象為100-106年度正規四年畢業學生，排除退學學生、延畢生[6]，僅留下離校身分為正規四年畢業的學生8,032人。此處必選修佔比已稍做處理，我們將學生所有修過必選修課（且及格）佔所有總修過及格的學分佔比做比較，此學分數將包含一些畢業時不列入計算的實際學分數，目的在於較貼近院所學生真實修課比例狀態。

　　圖11與12的箱型圖可看到原始觀察值以及必修學分佔比的三個分位位置，其中，紅色樣本點為有跨域學習者，藍色樣本點則為

---

[6]　100-106學年度總離校人數10,830，其中退學人數953，畢業人數9,877（包含延畢生1,845人、正規四年畢業生8,032人）。

無跨域學習者，跨域學習者學分數會超出原科系規定，所以有些觀察值會落在樣本群體的頂端。圖9我們發現整體來說，必修佔所有通過的學分數大約6-7成，選修佔比大約3-4成。工院、生醫理工與管學院學生必修學分佔比為較重的院所，學生在課程選取的彈性較低，中位數分別為61.81%、60.56%與60.45%。圖10則可看出選修學分佔比較高，即修課較為彈性的院所的是文院、地科院以及資電院，中位數分別為37.25%、36.55%與31.25%。

圖11為另一種選課佔比的表現方式，亦可看出學生修課散佈狀態，左縱軸為必修學分數、右縱軸為選修學分數，橫軸為總學分數，必修為藍（無跨域）與紅色（有跨域學習者）樣本點，選修為綠（無跨域）與黃色（有跨域學習者）樣本點。上半群為必修與總學分二維分佈，下半群為選修學分與總學分二維分佈，同一個人在上、下部各會有一個樣本點。我們藉由此圖也可看出必修與選修的分散程度與實際學分數，分佈越往右表示修課總學分數越多。我們可看出各院的總學分中位數約落在140多個，此處學分數高於常規的128學分是因為包含了所有畢業時計入、不計入的所有修課（並且及格）學分。必、選修課學分數中位數線較接近的院所為文院、地科院以及資電院，亦即選課屬於較有彈性的院所。必、選修課學分數兩線較分散者（亦即必選學分較高、選修學分較少者），選課較不彈性者為工院、生醫理工與管學院。圖中亦另可觀察出跨域學習（紅色與黃色樣本點較多者）學生較多的院所為地科院以及管院學生。

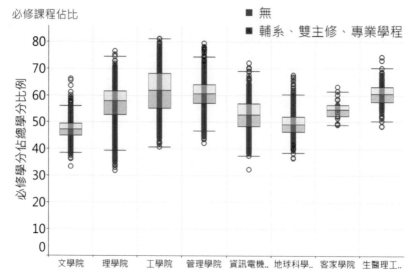

圖9　必修學分佔修過總學分比例

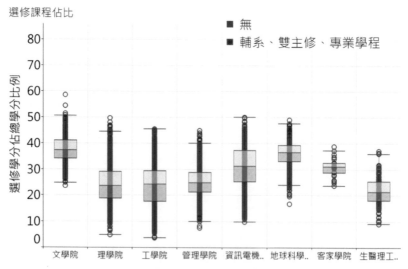

圖10　選修學分佔修過總學分比例

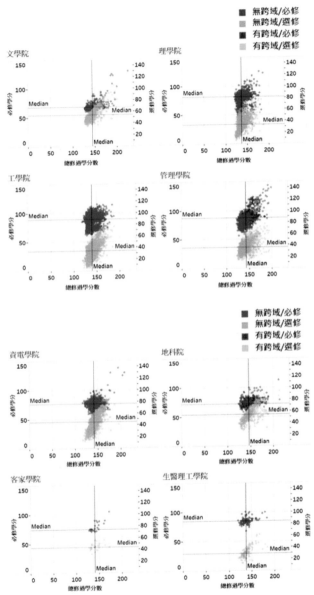

圖11　必修、選修、總修過總學分二維圖

三、成績分佈

（一）不同入學管道學生成績分佈

為比較學生連續的學期成績表現，我們將觀察對象限縮為大學部100-106學年度離校，並且為97至103各學年度第一學期入學生，共10,281人[7]。由圖12列出學生一至四年級第一學期成績分佈，繁星推薦學生在第一、三學期（一年級、二年級）的成績分佈平均較其他管道入學生要來的高，78為其分配均值，其餘管道入學生則在72-75左右。在第五學期（三年級）時可以觀察到個人申請與指考分發學生均值來到了80分左右，繁星入學生均值仍微步領先在約80-84分。最後在第七學期，我們可以看出所有管道入學生均值皆一致的來到約84分。由於要達到繁星申請標準，學生需三年高中生涯不間斷持續維持學業成績，也就是前段成績保持者，因此我們也發現到繁星入學生學業成績的確有較高的起始值，但隨就讀年數增加來到第四學年時，所有的學生成績逐漸趨於相似的分佈，顯示平均而言，學生在進入中央大學後經過四年的學習，成績表現皆逐步精進，群體間也相互學習影響並促成相仿的成績分佈模式。

（二）不同離校管道學生成績分佈

離校生狀態區分為退學與畢業學生，退學當中又分為台聯大轉學、一般轉學、1/2或2/3學分不及格退學生。圖13我們可觀察出，台聯大轉學生當他們還在學時的成績處於較前段的位置，並且在大約是在第二個學期轉出學校，圖中標示為總人數，可看出人數由17人減至1人。一般轉學生成績分佈則稍微分散，但平均成績分佈與畢業的學生無太大差異，大致上是在第二到第三個學期之間轉出

---

[7] 圖中每學期有休退學、轉學、提早畢業之學生，故各種類學生總人數數據皆稍有改變。

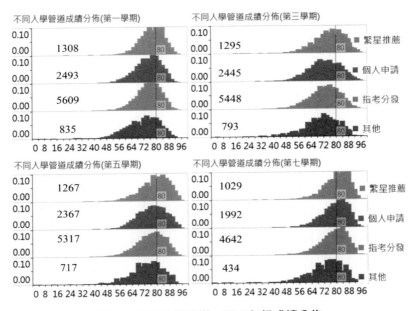

不同入學管道成績分佈(第一學期)　　　　　　不同入學管道成績分佈(第三學期)

圖12　不同入學管道一至四年級成績分佈

（人數由第一學期169減至第二學期69人，再減至第三學期20人），並且越晚轉出的的學生，其成績分佈越是處於後段。最後就是雙二一或三二的退學生，明顯可看出其成績分佈從第一學期便呈現落後狀態，中位數約落在約62分，然而隨著學期過去下滑至56分。

　　然而值得注意的是，雙二一或三二的退學生當中並非所有學生都是成績落後者，有29位學生於在校時第一學期平均成績尚高於75分，但其後的第二到九個學期的成績的進步與退步的波動比起畢業身分的學生高出許多。圖14上半部為雙二一或三二退學生與畢業生的成績中位數趨勢線，畢業生當中又分為第一學期成績大於75分與小於75分者兩條趨勢線。圖下半部為每一學期[8]比起上一個月期成

---

[8]　圖16中出現第九學期，原因為退學生且第一學期成績大於75分者，共29位學生，其中有三位就學至第九學期才以退學身分離校。

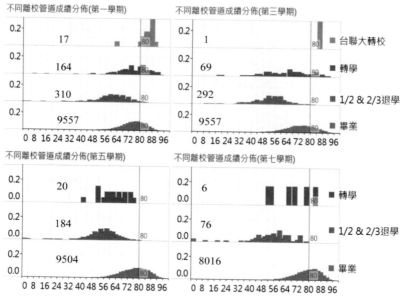

圖13　不同離校管道一至四年級成績分佈

績中位數增減的百分比。我們可以看出，雙二一或三二退學生學期成績從-19%至+7%波動幅度頗大，然而畢業生的成績，無論是第一學期成績大與或小於75分者（無論成績好壞，只要是正規畢業的學生），波動幅度皆在正負1至5%之間。可見得成績波動幅度大小或許可以做為退學生預警的指標之一，提早進行輔導，反轉學生學習落後的弱勢。圖中成績波動的計算僅以簡單的成長百分比計算，實務上也還其他的計算變異的方式，例如標準差可供參考。

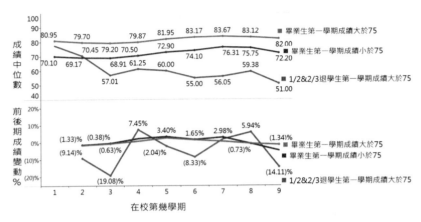

圖14　雙1/2或2/3退學生與畢業生成績中位數與波動

四、學生勞動就業與實證分析

　　根據勞動部新聞稿「大數據運用-大專及以上畢業生就業狀況分析」，以101學年度畢業的學生為例，學生畢業後滿一年，也就是民國103年7月之投平均勞保比率，投入勞保比率占91.59%，公保比率為8.18%，農保比率為0.22%。其中尤其以學士專科學生投入勞保比率最高為98.57%。由此可知學生在離校後，可勞動人口中（扣除兵役及出國人數），大約有九成的人進入勞動市場，因此分析勞動部勞保異動資料也就大致涵蓋了學生離校之後的勞動概況。

　　我們就已取得的101、103、105學年度三年離校生的投保薪資異動資料來觀察學生離校之後就業概況，由此資料我們可計算出這些學生離校前後的日投保薪資、勞保投保覆蓋率（投保天數、總投保人數比率）、工作轉職次數、平均工作週期、第一個工作年數資歷、第一份正職投保薪資、尋找第一份正職工作所需時間。資料中有學生離校後一年至五年的連續資料，在串接校務倉儲資料中的學籍資料與成績資料之後，我們將會有更豐富的交叉分析結果。然

而不可避免的資料限制，投保薪資最高投保金額為四萬五千八百元，有些產業熱門科系學生在離校後4-5年間投保薪資就已達投保上限，因此此筆資料若就絕對數值的比較則是較無意義的，但就短期內針對不同群組做相對的比較分析，或是以計量迴歸模型估計[9]的邊際效果而言仍是有高度參考價值。

（一）勞保投保薪資

我們以98學年度第一學期入學並於101學年度第二學期學士畢業學生為例，圖15下半部我們可看出畢業一年之內全校平均投保薪資中位數落在約兩萬八千元，第五年大約落於四萬四千元的水準。第一年投保薪資最高為管學院畢業生，其次是地科學院。然而隨著畢業年數增加，資訊電機學院的投保薪資呈現大幅成長，於畢後第三年起一路領先於各院，顯示產業對於資訊人才的高需求，同時也帶動其薪資成長。同前述，讀者於此處勿拘泥於絕對的投保薪資數值，因其無法反映真正的薪資數據，因此應著重於系所之間的比較是較有參考價值的資訊。

（二）勞保覆蓋率

藉由觀察學生離校之後投入勞動市場的數量來檢視學生在勞動市場的被接受度以及投入市場的積極度，我們以98學年第一學期入學並於101學年第二學期離校正規四學年畢業學士、100學年第一學期入學並於101學年第二學期正規兩學年畢業碩士生，學生投保勞保人數佔總畢業人數比例為例，圖16上圖為學士班學生，畢業滿一年畢業生投入勞動市場約20%，大約到第四年半時，勞動投保人數穩定在約75%。值得注意的是在畢業後的第四年起（2016m7）有一個大量投入勞動市場的現象，我們研判此大學畢業後有一年兵役以

---

[9] 投保薪資與實際薪資可能存在某倍數的線性或非性關係，而計量方法可解決此一衡量誤差的內生性問題，進而估計出正確的相關性。

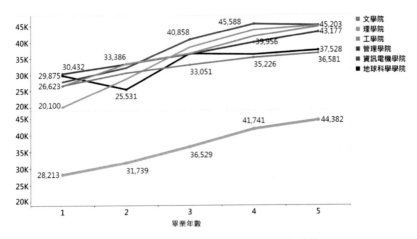

圖15　學士班各院投保薪資畢後歷年薪資

及兩年研究所就讀，一共三年的延遲就業。圖16下圖為碩士班的狀況，可以看出畢業滿一年畢業生投入勞動市場約50%，大約到第二年半便穩定在約81%，且如同學士班畢業生一樣有一個大量投入勞動市場的狀況，只是這個大量投入的時間點是發生在畢業後第二年（2014m7），相較於學士生來說，碩士生僅剩兵役一年的延遲，因此大量投入勞動市場時間點僅延遲一年。

　　接下來，我們就不同性別來探討延後就業的狀況，圖17即可看出，學士班女性的大量投入勞動市場時間點在第三年（研究所兩年），相較於男性在第四年（研究所兩年＋兵役一年）；碩士班女性則在第一年即大量投入勞動市場（無兵役延遲效果），男性則在第二年（兵役一年）。由此印證上述的延遲現象，女性學士僅有續讀碩士的兩年延後就業的因素，無兵役延遲。女性碩士生則更明顯的無延遲現象。

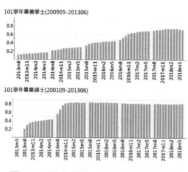

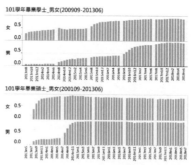

圖16　學士與碩士勞保投保比率　　　　**圖17　學士碩士-男女勞保投保比率**

（三）就業穩定度

　　檢視學生進入職場之後的職涯表現，除了薪資為較明顯的可觀察變數之外，我們還可對學生的轉職頻率加上其平均在職期間（每個工作的平均年資）來觀察其就業穩定度。同上小節觀察對象，圖18中的藍點即是每個樣本點，每個小圖中有三條等高線，落在等高線上代表觀察對象一年工作有365、180、90天。舉例來說，若某個人縱軸轉職次數為1（2），橫軸的平均在職期間為365（182.5）天，則此人將落在365天的線上，其餘兩等高線以此類推。因此我們以等高線區隔出的三個空間，將就業天數分為三個類別，落在180-365天的觀察點歸在高就業天數，90-180天為中就業天數，0-90天為低就業天數。

　　圖中越往右下方、往365天等高線靠攏則代表工作週期長、工作轉換次數少，工作穩定度越高。圖為學生畢業後一年至五年內加入勞動市場狀況，總投保率由22.1%攀升至79.3%，落在高工作天數的人從63%提升至93%。圖中的觀察點也從第一年的散置狀況越往右下方靠攏，顯示學生的工作穩定度逐年提高的趨勢。

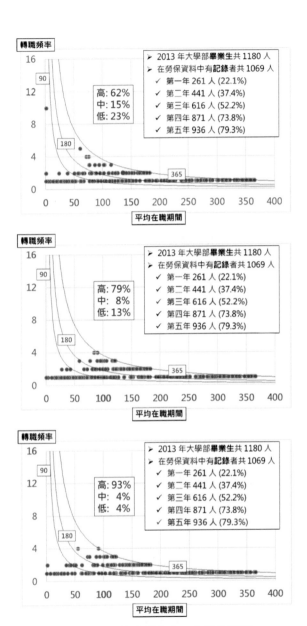

圖18　學士轉職頻率與工作平均週期

參、多變量迴歸分析

經過前述幾個章節的描述統計分析，我們對於學生在校與離校後於勞動市場的就業狀態有大概的了解。描述性統計的優勢在於一目了然，容易觀察，但其分析角度多架構在兩個維度、兩個變數之間的關係，我們較難去推估出與其他第三個或第四個以上的變量的共變之後對於目標變數的影響力。因此本章節將更進一步的探討多變量的迴歸分析，我們可觀察到在控制多個變數之下、資料模型潛在的內生性問題下，目標函數真實的樣貌以及變數之間真實的聯動關係。

迴歸分析的目的在於找出一條可描述觀察值的函式，用以估計出應變數與自變數之間的關係。換言之，找出目標變數，同時也控制其他因素之下，觀察變動一單位之下對於目標變數的影響程度，即求出自變數對應變數的邊際效果。本文欲探討學生在學的歷程中，學校提供何種課程與訓練、學生習得什麼樣的技能與特徵，最後能夠讓學生在畢業後能夠符合勞動市場需求，謀得職位並且取得報酬。因此，在本文中我們關心的重要變數為學生在校學習歷程中的特殊選課，並將投保薪資視為學生畢業後市場競爭力的指標。在可使用的資料範圍裡，我們將觀察學生是否修輔系、雙主修等跨域學習、修過程式語言、選修課比率、休退學與否等變數對於畢業後勞動市場的投保薪資的影響。

在滿足古典線性迴歸模型的假設[10]之下，一般最小平方法（OLS）估計出的估計係數是最佳線性不偏估計式（Best Linear Unbiased Estimation-BLUE），亦即高斯馬可夫（Gauss-Markov theorem）定理。

---

[10] The regression model is linear in the parameters、no perfect linear relationship among regressors、zero mean of error conditional on regressors、the variance of error term, given the values of X, is constant or homoscedastic、no serial correlation between error terms.

觀察值中若是存在異質變異亦或是有內生性問題，OLS估計出的係數是無效率且偏誤不一致的。然而在實際資料中，並非所有樣本的統計性質都能滿足這些假設條件，事實上要完全滿足這些假設是一件極難的事情。舉例來說，影響薪資的因素至少幾十種，影響因素就個體而言，個人能力、個性、家庭背景、居住地等個別特質變數繁多，就總體變數而言，國家政治、經濟、文化、利率、物價、產業變遷、外交情勢等都會國內薪資產生影響，此外，很多時候無法量化的特質變數便無法進入迴歸模型做測量，此時若是模型中忽略重要解釋變數便會導致模型有內生性問題，最終導致估計出的結果為偏誤不一致的。

　　另兩種導致內生性問題的另兩大原因為變數間的因果關係[11]或是變數的衡量誤差[12]。於此，本文採用的投保薪資資料，與實際薪資就可能存在倍數的線性或非線性相關，與真實薪資數據有潛在差異，某個程度而言正是落入了衡量誤差的問題中。還有另一種情況是，樣本資料數據變異過大，也會導致估計出結果是無效率的。現實世界裡的樣本數據及分配，很難避免這些問題的存在，因此放寬假設條件，採取不同的計量方法估計為最佳的解套辦法，接下來的章節我們將採用工具變數法來解決這些問題。

1. 迴歸模型

　　我們將投保薪資作為學生在離校後勞動就業其中之一種學習成效的指標，因此我們的模型建構在Mincer（1974）薪資函的理論基礎之上，以此延伸，將我們欲控制的個人特質變數或是想觀察的學生歷程變數納入模型中，估計出的係數即是學生歷程與投保薪資之間的相關性及邊際效果，本文迴歸模型設定如下：

---

[11] 例如失業導致經濟成長率退，經濟成長率退又導致失業率提高。
[12] 例如代理變數或是問卷資料。

$$\ln \text{inswage}_{it} = \beta_0 \, \text{expr}_{it} + \beta_1 \, \text{expr}_{it}^2 + \beta_2 \, \text{LCrate}_{it} + \beta_3 \, \text{jobcount}_{it} + f_i + \varepsilon_{it}$$

　　模型中i指學生個人，t為時間，在我們的資料中是指離校後的年數，ln inswage為投保薪資（民國105年cpi=100）取自然對數，半自然對數（Semi-log）的模型在對自變數取偏導數之後，估計係數化為成長比率，在比較分析上亦較為較直覺好詮釋意涵。expr為工作年數資歷（tenure）；expr平方項為文獻模型設定，為描述薪資隨年資有非線性的遞減的狀況；LCrate為每年勞保覆蓋率（工作天數占全年天數比例）；joccount為一年內轉職次數，亦隱含工作穩定度；f為個別特質變數（individual-specific），是不隨時間變動的變數（time-invariant），其中包含受教育年數（以學歷推估的方式計算出[13]）、畢業年份、畢業平均成績、畢業名次PR（在班上百分等級），**虛擬變數**則包含有性別（女）、院別[14]、學制[15]、離校狀態（畢業）、廣義跨域學習（雙主修、輔系、專業學程）、程式語言、課程屬性（必修、選修、教育學程、體育、校際選課、境外選課）。此外，廣義跨域學習的對象主要為學士學生，因此本文在跨域學習的變項改為跨域學習×學士身分的交乘項，用以更明確的觀察學士生跨域學習的效果。程式語言變項部分，本文也改為程式語言與學制的交乘項[16]，可以觀察出何種學制學生修習程式語言有顯著效果；此外，本文另估計程式語言修習學分數與學制交乘項，用以估計何種學制修習程式語言較有影響，以及其學分數對於投保薪資的邊際效果。

---

[13] 在職進修碩士專班的學生因為已進入職場在重回校園，不易估算其教育年數以及其總工作年數資歷，為避免干擾估計結果，下階段實證迴歸樣本已去除在職進修碩士專班的學生。

[14] 虛擬變數，為避免共線性，八個院所僅放七個，理、工、管、資電、地科、客家、生醫理工，文院未加入模型。

[15] 虛擬變數，為避免共線性，四種學制僅放三種，碩士、博士、碩士在職，學士未加入模型。

[16] 程式語言×學士、程式語言×碩士、程式語言×博士、程式語言×碩士在職。

2. 資料與計量方法

勞動部勞保異動資料，樣本為101、103、105學年度離校的學生共9,757人，總共132,404人次勞保異動資料（資料包含該群學生每個人就學前、後，亦即只要曾進入勞保就有資料）。資料截止日期在107年7月1日，因此101學年度離校生將有五年的離校之後的追蹤資料，103學年度離校生有三年，105學年度離校生則有一年的追蹤資料。清洗資料過程，我們將每個人的資料採用類似萬年曆的方式列出該群學生畢業前後每一個人的日投保薪資，再以此計算每個人的勞保覆蓋率等資訊。投保薪資資料為算出日投保之後，加總為月投保薪資，最後**僅計算有勞保薪資的月份**，將其以存在月份加權平均成為每年的投保月薪，因此此處投保薪資意義上代表著**個人在勞動市場上的價值**。此外，投保薪資資料與實際薪資有著潛在的差異性，將會導致後續多變量迴歸估計時有衡量誤差的內生性問題，此部份我們以計量方法來解決。橫斷面資料加上時間序列資料組成了追蹤資料（Panel Data）的型態，追蹤資料的優勢在於可以捕捉個人隨時間變動的動態歷程，並且控制了無法觀察的個別特質變數（individual-specific），模型將不會因為忽略處理這些變數而落至殘差項，導致估計出偏誤不一致的參數。

如同前述，在現實的資料與模型中很難避免忽略重要變數、變數中的因果關係抑或是衡量誤差，為解決潛在的內生性問題，我們採用Hausman–Taylor estimator for error components models，其中包含了工具變數和二階段最小平方方法（2SLS）的應用。就模型估計而言，追蹤資料（Panel Data）使用固定效果模型（Fixed Effect model）或是隨機效果模型（Random Effect model）為較常見的模型設定，但這兩種模型在估計時，前者會將不隨時間變動（time-invariant）的個別特質變數以減去個別均值（de-mean）的方式去除，後者則是事前假設個別特質變數與模型中的自變數不相關。但是由於我們

除了想估計學生離校後的覆蓋率、轉職次數之類會隨時間變動變數的參數之外，主要想觀察的的關鍵變數是不隨時間變動的個別特質變數，也就是學習歷程相關的變數，例如學生在校是否跨域修課、是否修程式語言以及選課種類等個別特質；若使用固定效果模型將會把我們關心的變數去除而無法求得係數，也無從得知學生個別特質的歷程對於投保薪資的影響力；然而若是另轉而使用隨機效果模型，則會因為我們無法確保個別特質變數與其餘自變數是否相關，導致潛在的內生性問題而估計出偏誤和不一致的參數，這些都不是符合我們需求的模型。

　　Hausman–Taylor estimator for error components model優點在於模型將設定保留個別特質變數，因此可估計出個別特質變數與應變數之間的關係；另放寬內生性假設，允許部分個別特質變數與部分的自變數有相關性，並使用模型內的已存在的變數作為工具變數，同時解決自變數與個別特質變數（誤差項）之間相關性而導致的內生性問題。模型中隨時間變動的自變數分成內生變數與外生變數兩部分，不隨時間變動的個別特質變數也區分為內生、外生變數與不可觀察的三個部分。模型估計第一步驟先估計出固定效果之變異數，算出time-vairant變數之參數，第二步驟再以2SLS將模型中外生變數作為工具變數，估出time-invairant變數之參數，求出總殘差的變異數；第三將第一、二步驟算出之變異數作為權數，將原始模型以權數進行轉換並且以GLS估計參數。最後為確保無弱工具變數估計產生偏誤不一致的問題，我們也在每一次迴歸估計之後採用Hausman test，進行工具變數的有效性檢驗。

3.實證結果

　　根據本文的追蹤資料，每位學生離校後有1-5年的投保異動資訊，因此我們的迴歸實證結果代表的是五年期的平均效果，然而平均效果會隨總體、個體情勢以及時間推移而改變，讀者切勿將實證

結果解讀為未來不變的恆常效果。實證發現，工作年數資歷、勞保覆蓋天數比率與投保薪資呈現顯著正相關；轉職頻率與投保薪資無顯著相關性。參考估計係數可觀察到，在其他條件不變的情況下，工作年數資歷每增加一年，投保薪資提升約5%；每年勞保覆蓋總天數比率增加1%，投保薪資增加約7%，代表待在勞動市場天數越多，總所得報價也就隨年數資歷增加。就工作穩定度（轉職頻率）而言，傳統價值觀認為滾石不生苔，轉換工作頻率越高越無法累積資歷與薪資成長；然而，在科技一日千里的時代、產業型態轉變，有些人可以頻繁的轉換工作，但卻仍能持續找到工作累積年數資歷。本文實證即顯示轉換工作頻率與投保薪資無顯著相關，工作穩定度對於個人在勞動市場上的價值並無絕對影響力。此現象或許也跟近年來青年創業、soho族興起有關，有些族群即便工作轉換次數頻繁，只要有專業技能亦受雇主青睞，不損其市場價值。

　　由畢業離校生虛擬變數之估計係數發現，畢業身分的離校學生相較於退學生，投保薪資高出約7-8%，凸顯了學生休學追蹤、退學警示以及輔導機制的重要性。退學的學生離校之後投保薪資明顯低落，顯示這是一群職涯發展較弱的族群。然而倘若在學生經歷初次1/2或2/3之後能夠適當輔導，學校就能反轉學生在校的學習衰退，提前終止其日後職涯發展的弱勢。實證結果也發現第一份工作投保薪資與離校後投保薪資呈現顯著正相關，表示投入勞動市場的起始條件也關係著日後投保薪資發展，係數顯示，第一份工作投保薪資每增加一元，則日後投保薪資將提升約0.002%。第一份工作的薪資則代表個人在勞動市場的起始價值，起薪一般來說是作為其後轉換工作雇主對於個人能力的參考值。另一有趣的發現，第一份工作年數資歷與投保薪資呈現負相關，此結果顯示在第一份工作待越久，對於其投保薪資成長較無助益，隱含著適當的轉換職位、更多元累積經驗，對日後投保薪資成長以及在勞動市場中的價值是較有幫助的。關於院所投保薪資比較，管學院與資電院投保薪資顯著高於文

院[17]，其餘院所不顯著，顯示勞動市場產業需求導向以及各行業給予的投保薪資水準不同。

　　接下來是學生於學校的學習歷程變數。關於修課種類的概況，我們發現必修、選修、教育學程佔總修過且及格的學分比例與投保薪資呈現顯著正相關。顯示學生總修學分數量越多，課程數越多元，對於投保薪資的確有正向的影響。選課學分越多，除表示專業知識學習時數多外，某程度可顯示學生特質屬積極度高者，因此對於離校後職涯發展也可預期為正向影響。其中必修與選修學分兩種佔比對於投保薪資的影響不相上下，都介於0.1-0.2%之間，顯示學校的必修課程設計對於學生離校後所需的知識是有實用性的；而學生選修課也表示選課的彈性，係數上看來是與必修課一樣重要的，因此若選擇課程能有彈性，學生能夠依照自身興趣選課學習專業，興趣加上知識的加乘效果，對於日後投身於職場是有正向幫助。值得注意的是，修教育學程與投保薪資的正相關，研判主因為教師的起薪高於一般行業水準，在本文五年追蹤資料的平均效果之下，短期內的確可顯示投入教職對於薪資有著正向的幫助，但就長期而言教師與其它產業的投保薪資成長率孰高孰低則有待深入探討。

　　就廣義跨域學習方面，輔系、雙主修的效果不顯著，但有修過專業學程學生投保薪資顯著優於無跨域者，且有修過專業學程者之投保薪資將會比無專業學程者高約1-2%。顯示專業學程的課程設計以及內容是能夠增加學生能力，跨域學習確實有擴大多元學習、增加學生學習廣度的效能並且符合產業需求，最終增進學生職能，有助於學生離校後的職涯發展。在於程式語言學習方面，大學部學生有修程式語言者的投保薪資顯著高於無選修者約2%，其餘學制學

---

[17] 中央大學共八個學院，文學、理學、工學、管學、資訊電機、地球科學、生醫理工學院。迴歸估計時為避免完全線性重合的問題，虛擬變數估計必須省略一個學院，本文省略文學院。管學院以及資電學院於表三迴歸式皆為正數且顯著，管學院估計係數在0.017-0.028之間，資電院則在0.024-0.039之間，表示管學院離校生之投保薪資平均而言高約1.7%-2.8%，資電院學生則高約2.4%-3.9%。

生有無修習程式語言則無顯著效果。在另外估計的式子中，我們更進一步發現有修程式語言者，每多修習一個程式語言的學分，投保薪資增加約0.05-0.06%。程式語言的推廣主要培養學生邏輯運算、創造力和自學能力之能力，這些能力不僅僅於專業知識上有幫助，還能夠延伸至畢業多年後的態度養成，解決問題、勇於嘗試、邏輯思考，終身受用，對於日後職涯發展更是有著正向的幫助。

畢業成績與投保薪資為顯著正相關，畢業平均成績每增加一分，投保薪資增加約0.1%。畢業排名由於是名次PR（百分等級）越低越好，因此估計出的係數為負數，顯示名次越前段（PR百分比越低），投保薪資則越高，平均而言名次往進步一個百分比，投保薪資增加約2.4%。實證結果顯示學生在校的學業表現與離校後保薪資有正向相關性。學生於在學時學科上的耕耘，有助於專業知識取得、維持成績的積極度與耐力的養成，學生的治學態度對於日後發展是有一定程度的影響力。

表2　變數統計量

	Panel	Mean	Std. Dev.	Min	Max	Observations
投保薪資	overall	38445.29	8130.284	19253.01	45800	N =16511
	between		7818.632	19253.01	45800	group number = 6297
	within		3339.624	17963.89	58522.24	
投保薪資取自然對數	overall	10.52933	0.2485815	9.865422	10.73204	N =16511
	between		0.2383799	9.865422	10.73204	group number = 6297
	within		0.1046101	9.854953	11.18247	
工作年資(年數)	overall	2.191751	1.214911	1	5	N =16511
	between		0.7065579	1	3	group number = 6297
	within		1.010964	0.191751	4.191751	
工作年資平方	overall	6.279692	6.606736	1	25	N =16511
	between		3.469874	1	11	group number = 6297
	within		5.554011	-3.720308	20.27969	
勞保覆蓋天數比率	overall	0.797753	0.2872017	0.0027322	1	N =16511
	between		0.261061	0.0027322	1	group number = 6297
	within		0.1937217	-0.0000553	1.505972	
轉職頻率	overall	1.225183	0.731682	1	65	N =16511
	between		0.4385274	1	13.8	group number = 6297
	within		0.5974025	-11.57482	52.42518	
畢業與否	overall	0.9246563	0.2639531	0	1	N =16511
	between		0.2668974	0	1	n = 6297
	within		0	0.9246563	0.9246563	
教育數年	overall	18.09909	2.41397	13	31	N =16511
	between		2.400449	13	31	n = 6297
	within		0	18.09909	18.09909	bar = 2.62204
畢業年份	overall	2013.854	1.29332	2012	2017	N =16511
	between		1.546733	2012	2017	n = 6297
	within		0	2013.854	2013.854	bar = 2.62204
第一份工作年資(天數)	overall	626.5548	540.588	1	2130	N =16511
	between		469.5352	1	2130	n = 6297
	within		0	626.5548	626.5548	bar = 2.62204
第一份工作投保薪資	overall	36018.73	8994.245	19210.31	45800	N =16511
	between		8963.062	19210.31	45800	n = 6297
	within		0	36018.73	36018.73	bar = 2.62204
找尋第一分工作待業時間(月數)	overall	10.61317	10.97853	1	60	N =16511
	between		12.46979	1	60	n = 6297
	within		0	10.61317	10.61317	bar = 2.62204
畢業成績	overall	82.85068	7.344369	43.49	95.75	N =15267
	between		7.515623	43.49	95.75	group number = 5811
	within		0	82.85068	82.85068	
畢業名次(PR%)	overall	0.5247549	0.2888167	0.0071429	1	N =15267
	between		0.2891083	0.0071429	1	n = 5811
	within		0	0.5247549	0.5247549	

表3 Panel Hausman-Taylor工具變數法估計值

自變數	應變數: ln投保薪資					
工作年資	0.0509*** (0.000)	0.0508*** (0.000)	0.0520*** (0.000)	0.0519*** (0.000)	0.0520*** (0.000)	0.0519*** (0.000)
勞保覆蓋天數比率	0.0782*** (0.000)	0.0782*** (0.000)	0.0790*** (0.000)	0.0790*** (0.000)	0.0790*** (0.000)	0.0790*** (0.000)
轉職頻率	0.000909 (0.542)	0.000909 (0.542)	0.000901 (0.549)	0.0009 (0.550)	0.000901 (0.549)	0.0009 (0.550)
畢業與否	0.0792*** (0.000)	0.0795*** (0.000)				
第一份工作投保薪資	0.0000201*** (0.000)	0.0000201*** (0.000)	0.0000196*** (0.000)	0.0000196*** (0.000)	0.0000196*** (0.000)	0.0000196*** (0.000)
第一份工作年資	-0.0000411*** (0.000)	-0.0000411*** (0.000)	-0.0000424*** (0.000)	-0.0000424*** (0.000)	-0.0000426*** (0.000)	-0.0000427*** (0.000)
必修占總修過學分比率	0.00186*** (0.001)	0.00210*** (0.000)	0.00170*** (0.008)	0.00192*** (0.003)	0.00193** (0.002)	0.00217*** (0.001)
選修占總修過學分比率	0.00179*** (0.002)	0.00204*** (0.000)	0.00161** (0.011)	0.00185*** (0.003)	0.00182** (0.003)	0.00207*** (0.001)
教育學程占總修過學分比率	0.00322*** (0.000)	0.00351*** (0.000)	0.00330*** (0.000)	0.00357*** (0.000)	0.00353*** (0.000)	0.00381*** (0.000)
輔系 X college	-0.015 (0.513)	-0.0162 (0.482)	-0.0197 (0.383)	-0.0209 (0.354)	-0.0183 (0.416)	-0.0197 (0.382)
雙主修 X college	-0.0267 (0.197)	-0.0281 (0.176)	-0.0308 (0.129)	-0.0323 (0.112)	-0.0302 (0.137)	-0.0318 (0.118)
專業學程 X college	0.0181** (0.016)	0.0186** (0.013)	0.013* (0.083)	0.0128* (0.086)	0.0139* (0.062)	0.0137* (0.066)
第二專長 X college	0.0125 (0.910)	0.021 (0.849)	0.0109 (0.920)	0.0182 (0.866)	0.00983 (0.928)	0.0174 (0.872)
程式語言虛擬變數 X college	0.0222** (0.003)		0.0199** (0.013)		0.0207*** (0.009)	
程式語言虛擬變數 Xmaster	-0.00155 (0.769)		-0.00119 (0.823)		-0.000751 (0.887)	
程式語言虛擬變數 X phd	0.0107 (0.370)		-0.00616 (0.665)		-0.00506 (0.721)	
程式語言學分數 X college		0.000596*** (0.003)		0.000555*** (0.006)		0.000596*** (0.003)
程式語言學分數 X master		0.000292 (0.507)		0.000282 (0.520)		0.000372 (0.395)
程式語言學分數 X phd		0.00141 (0.368)		-0.00132 (0.528)		-0.00116 (0.577)
畢業成績			0.00143*** (0.000)	0.00146*** (0.000)		
畢業排名PR					-0.0244*** (0.000)	-0.0255*** (0.000)
工作年資平方	-0.00336*** (0.000)	-0.00335*** (0.000)	-0.00354*** (0.000)	-0.00353*** (0.000)	-0.00354*** (0.000)	-0.00353*** (0.000)
教育年數	-0.000081 (0.962)	0.0000574 (0.973)	0.00153 (0.508)	0.00179 (0.437)	0.00106 (0.644)	0.00136 (0.550)
畢業年份	-0.00471** (0.004)	-0.00493*** (0.003)	-0.00564*** (0.001)	-0.00584*** (0.001)	-0.00545*** (0.001)	-0.00568*** (0.001)
觀察值	16511	16511	15267	15267	15267	15267
弱工具變數檢定 P-value (虛無假設: 無內生性問題)	0.1638	0.1975	0.1374	0.1675	0.1424	0.1768

a.表格中係數下方括號內代表P-value，*表10%顯著水準，**表5%顯著水準，***表1%顯著水準。
b.為節省空間，表格中，省略學制、性別、學院以及找尋第一分工作待業時間、校際選課估比、體育課估比、國際選課估比等不顯著的變數。

肆、總結

　　以往校務經營較注重教育資源以及師生的投入面，然而其產出面則較少被正視。投入與產出乃是一體兩面，當學校挹注資金、投入資源，期盼學生能汲取其中的養份，進而成長為勞動市場所需要的人才時，校方應檢視這樣的辦學策略方向是否正確，學生是否真正從中獲得應該具備的專業知識與能力。

　　本文首先以描述統計檢視學生在學概況，包括入學管道、跨域學習、成績分佈。我們觀察到考試入學學生為最多，但有逐年緩步下滑趨勢，其餘管道則是逐步增加，多元入學適性揚才策略逐步發酵中。跨域學習方面，輔系雙主修以財務金融與資訊電機為熱門科系，由另個角度觀察，發現較熱衷跨域學習的科系則為企管、資管、經濟、大氣科學與中文系；成績分佈方面，入學管道以繁星入學學生在第一年平均成績較高，然而各種入學管道學生成績分佈隨年級增加越趨相近，顯示經過大學教育薰陶，入學管道的不同已不再是學生之間表現差異的主要原因。以離校管道而言，退學生之中1/2或2/3的學生成績明顯低落，並且這些學生成績波動幅度明顯高於一般畢業生，成績波動幅度或許可做為成績警示的指標之一。

　　本文亦更進一步探討這些在學歷程對於學生離校後職涯發展的影響，我們以多變量迴歸模型進行分析。我們將就業穩定度以及投保薪資視為學生學習成果指標，學生學習歷程中個別特質作為影響變數，據以檢視學生是否從學校教育策略目標中獲得其該具備的知識與關鍵能力，進而在職場中謀得職位且獲得報酬。在目前持有的三年個學年度畢業學生勞保薪資異動資料中，我們清洗資料萃取出投保薪資、勞保覆蓋率等指標，並且勾稽校務倉儲中學生學籍與成績資料。實證結果發現，修習跨域學程、程式語言、必、選修學分數、教育學程以及畢業成績與名次與投保薪資呈現顯著正相關，

表示學生在學時期多元學習的重要性。另一點值注意的是，離校身分為退學的學生於離校後投保薪資表現普遍落後，如此顯示學生成績預警機制是有相當的重要性，提早預警輔導不僅可挽回輔導學生現階段的學習落後，更能預防性的扶正其未來進入勞動市場之後的劣勢。關於進入勞動市場的狀態，第一份投保薪資與日後投保薪資的正相關，表示第一分工作的起薪是為雇主雇用勞工的重要參考起點。另方面，轉職次數對於投保薪資無顯著影響，顯示學生的勞動市場價值重在其餘因素而不為轉職頻率多寡而有所影響。

　　回到學校政策建議方面，根據本文的描述統計可發現，除專業學程之外，實際拿到輔系、雙主修學位的學生人數每年大約落在15-25位，數量偏少。又根據本文實證結果，跨域學程中的有修習專業學程學生對於其投保薪資的影響較為顯著，輔系、雙主修反而無顯著影響。按照申請難易度而言，輔系、雙主修門檻皆高於專業學程，實際獲得學位的學生按常理應該都在學生表現的前段班，但是職涯發展的結果並不如預期。因此我們也許應回頭檢視學校於輔系、雙主修的課程設計、門檻限制，將其與專業學程的設計以及修課學生作一對照，查看規範是否有申請門檻太嚴謹又或是課程設計不適合的環節。本文另一個政策重點在於程式設計課程對於學生發展的重要性，實證結果也發現對於學生發展為正向的影響，因此建議學校大力推廣程式語言及其應用，並且對於學習程式語言佔比較少的科系進行訪查，設計程度相當的程式課程。

　　然而值得注意的是，雖然投保異動資料資料包含多種指標資訊，但無論是勞保異動資料或是計量模型都有其限制。勞保異動資料其中投保薪資為級距式投保，有最高投保限制，並可能與實際薪資呈倍數線性或非線性相關，與實領薪資數據有潛在差異，因此此筆資料只對於特別群組之間相對的關係以及計量估計有意義，在於個體間絕對的數值比較則無參考價值。此外，計量模型控制多種變數以及運用計量方法解決內生性問題，估計出應變數與欲

觀察自變數間的邊際效果，但由於資料期間限制以及迴歸模型的本質為樣本存續區間的平均效果，實證結果切勿解讀為未來不變的恆常效果。

現況特色與未來方向

　　中央大學校務研究辦公室成立於民國105年2月，並設訂為一級單位，主要為協助決策者依據實證資訊作決策、適當調整辦學方向，校方亦挹注千萬投資投入校務研究。辦公室團隊逐年依資料屬性與領域類別盤點、清洗並發展議題式導向之校務資料，建置校務研究資料倉儲系統多維度交叉模型。使分析者可透過視覺化界面直覺化操作（IBM Cognos），針對研究議題進行多維度篩選，名為「多維度交叉資料分析平台」，目前已彙整約200多個資料表作為分析資料源，面向涵蓋學生全歷程、教師全歷程、世界大學排名、學生畢業流向調查。此外，本校校務研究也使用大專校院校務公開資訊或是校內校務資料，運用Tableau建立互動式圖表來做描述性統計分析，並定期發佈於網站，落實提升高教公共性之責。

　　學校政策滾動式修正、校務倉儲資料日益擴充，資料彙整以及跨單位盤點溝通時間所耗時、人、物力不斐，目前成果全然為團隊逐年逐步披荊斬棘之果實，篳路藍縷，未來也將立於此基石上，持續前進、思考如何以較有效率的內部合作以及跨單位溝通的方式，強化政策回饋機制，繼續完備校務研究藍圖。另於外部資料方面，學生畢業後追蹤資料以及議題分析廣度尚待擴大，未來渴望串連財政部、健保局資料等更精準資料，能夠更深入分析學生離校後動態與競爭能力，再據以回饋校方，調整辦學方針。

參考文獻：

彭森明（2010）。大學生學習成果評量：理論、實務與應用。臺北市：高等教育。

黃榮村、周懷樸、林世昌（2018）。臺灣校務研究理論與技術。臺北市：高等教育。

彭森明（2019）。高等教育校務研究的理念與應用。臺北市：高等教育。

勞動部新聞稿（2016）。大數據運用，大專及以上畢業生就業狀況分析及因應政策措施。取自https://www.mol.gov.tw/announcement/2099/24324/

Baltagi, Badi H. (2001). Econometric analysis of panel data. Chichester, UK: Wiley and Sons.

Baltagi, Badi H., Bresson, Georges, and Pirotte, Alain. (2003). Fixed effects, random effects or Hausman-Taylor? A pretest estimator. *Economics Letters*, 79, 361–9.

Belzil,Christian (2006).Testing the Specification of the Mincer Wage Equation, IZA Working Paper (in Press).

Corrado Andini, (2009). How Fast Do Wages Adjust to Human-Capital Productivity? Dynamic Panel-Data Evidence from Belgium, Denmark and Finland. IZA DP, 4583.

Mark E Schaffer, Steven Stillman. (2016). XTOVERID: Stata module to calculate tests of overidentifying restrictions after xtreg, xtivreg, xtivreg2, xthtaylor. Retrieved from https://ideas.repec.org/c/boc/bocode/s456779.html

WB MacLeod, E Riehl, JE Saavedra, M. Urquiola (2017). The big sort: College reputation and labor market outcomes. American Economic Journal: Applied Economics, 9(3), 233-61.

Dan Qu, Saisai Guo, and Lafang Wang. (2019). Experience, tenure and gender wage difference: evidence from China. Economic Research-Ekonomska Istraživanja. 32(1), 1169-1184.

將企業邏輯帶入教育大學的學生求職連結

國立臺北教育大學師資培育暨就業輔導中心輔導組組長／
109年8月1日轉任國立清華大學通識教育中心副教授（通訊作者）
英家銘

國立臺北教育大學師資培育暨就業輔導中心輔導組行政組員
林宜潔

國立臺北教育大學師資培育暨就業輔導中心輔導組行政組員
王柔懿

國立臺北教育大學師資培育暨就業輔導中心主任
王俊斌

壹、前言

　　國立臺北教育大學創立於公元1895年，初名芝山巖學堂，翌年改稱臺灣總督府國語學校，1919年改名為臺灣總督府臺北師範學校。1927年分割為臺灣總督府臺北第一師範學校（今臺北市立大學的前身，南門校區）、臺灣總督府臺北第二師範學校（今國立臺北教育大學的前身，芳蘭校區），1943年兩校再合併為臺灣總督府臺北師範學校（南門校區收預科及女子部，芳蘭校區收本科生；日治

時期國語學校及臺北師範學校的學籍簿全部移至芳蘭校區，即今國立臺北教育大學校區）。1945年二戰結束，戰後本校更名為臺灣省立臺北師範學校，1961年改制為臺灣省立臺北師範專科學校，1987年升格改制為臺灣省立臺北師範學院，1991年改隸為國立臺北師範學院，2005年升格改制為國立臺北教育大學。本校創校迄今已逾兩甲子，校史悠久，畢業校友十餘萬人。

本校在戰後素來以培育優質小教與幼教師資聞名海內外，但從1990年代起，配合臺灣民主化轉型，師資培育開放，本校亦轉型為以培養教育、文化、藝術與科技人才為主軸之綜合大學，除仍培育小教與幼教師資，也培養教育、文史、藝術、法政、財經、科技產業之人才。本章第貳節將以102與103學年度畢業生（即2014～2015年畢業），在畢業第一年的就業表現為例，分析本校轉型之後，學生從學習銜接到就業的成效；第參節將探討本校如何以畢業生流向追蹤資料改善學生就業力培植的工作；第四節將總結本校的特色、困難與方向。

貳、本校學生學習成效分析

國立臺北教育大學分為教育學院、人文藝術學院與理學院三個學院，另外還配置有數個國際學程。教育學院培養文教事業人才、心理輔導人才、學校教師、幼兒教師、生命探究者。人文藝術學院致力於強化學生人文、藝術與科技間的整合，透過觀念的學習與經驗累積，深化藝文素養，開發嶄新創意。從專業中創造價值，從創意中激發卓越，培養具備多元思辨與美感之文創人才。理學院順應產業發展與社會變遷，以科學、科技與教育為主，結合數學與資訊、自然科學、體育、電腦科學、數位設計等領域之人才。

培育社會需要的人才是大學的重要使命，因此下面我們會先以本校102與103學年度畢業生的就業表現作為學習成效之現況分析。

一、學士班畢業生平均月收入分布情形

（一）102學年度畢業生

1. 在工作平均月收入方面，根據勞動部薪資行情及大專生就業導航「近五年畢業生全時工作薪資及教育程度統計表」，畢業年為103年之學士，畢業第一年以後全時工作平均薪資為28,481元。與前述調查相較，本校102學年度畢業之學士班就業者，畢業滿一年後各系平均月收入在27,362～39,675元之間，其中89.5%的學生，也就是近九成的畢業生高於全國大學畢業滿一年薪資平均值。

2. 依據勞動部統計處102～106年「職類別薪資調查」結果，103年初任人員（無工作經驗者）依教育程度為大學、行業標準分類屬教育服務業者，每月平均經常性薪資為24,027元。與前述調查相較，學士班畢業生月收入平均32,315元，高於全國投入教育服務業之學士生畢業起薪平均值。

（二）103學年度畢業生

1. 在工作平均月收入方面，根據勞動部薪資行情及大專生就業導航「近五年畢業生全時工作薪資及教育程度統計表」，畢業年為104年之學士，畢業第一年以後全時工作平均薪資為28,189元。與前述調查相較，本校103學年度畢業之學士班就業者，畢業滿一年後各系平均月收入在29,375～39,283元之間，全部高於全國大學畢業滿一年薪資平均值。

2. 依據勞動部統計處102～106年「職類別薪資調查」結果，104年初任人員（無工作經驗者）依教育程度為大學、行業標準分類屬教育服務業者，每月平均經常性薪資為25,162元。與前述調查相較，學士班畢業生月收入平均34,130元，

高於全國投入教育服務業之學士生畢業起薪平均值。

二、學士班畢業生工作內容與系所課程及訓練相符程度

（一）102學年度畢業生

　　本校102學年度學士班畢業生，有約44.0%投入「教育與訓練類」行業，13.7%進入「藝文與影音傳播類」行業，7.2%在「行銷與銷售類」行業，6.1%在「資訊科技類」行業。下面是學士班畢業生自認工作內容與系所課程及訓練相符程度。

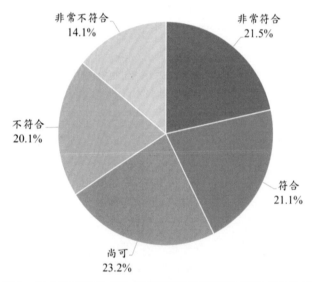

圖1　學士班畢業生工作與系所課程及訓練相符程度百分比圖

1. 根據圖1，本題調查學士班畢業生就業工作內容，是否與就讀系所提供之專業訓練課程相符合，認為「非常符合」與「符合」者佔總填答比例42.6%；

2. 認為「尚可」者佔23.2%；
3. 而認為就業工作內容與在學期間接受之課程及訓練「不符合」及「非常不符合」者佔34.2%。

（二）103學年度畢業生

本校103學年度學士班畢業生，有約46.6%投入「教育與訓練類」行業，11.5%進入「藝文與影音傳播類」行業，11.1%在「行銷與銷售類」行業，7.5%在「資訊科技類」行業。下面是學士班畢業生自認工作內容與系所課程及訓練相符程度。

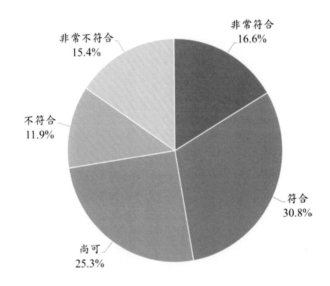

圖2　學士班畢業生工作與系所課程及訓練相符程度百分比圖

1. 根據圖2，本題調查學士班畢業生就業工作內容，是否與就讀系所提供之專業訓練課程相符合，認為「非常符合」與「符合」者佔總填答比例47.4%；

2. 認為「尚可」者佔25.3%；

3. 而認為就業工作內容與在學期間接受之課程及訓練「不符合」及「非常不符合」者佔27.3%。

102與103學年同學自認就業工作內容與在學期間接受之課程及訓練「不符合」及「非常不符合」者比例略高，其原因可能是在於學生對於職場的工作內容與發展不夠了解，故在校學習無法針對工作內容擬定方向所致，因此，讓同學於在校期間就了解職場，可能是本校重要的任務。

三、學士班畢業生就業率與待業率分析

（一）102學年度畢業生

各學制就業率及待業率詳如圖3。

（二）103學年度畢業生

各學制就業率及待業率詳如圖4。

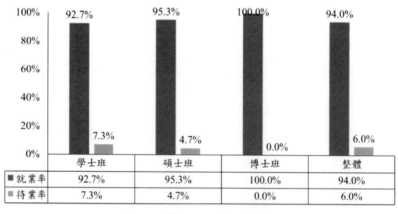

	學士班	碩士班	博士班	整體
■就業率	92.7%	95.3%	100.0%	94.0%
■待業率	7.3%	4.7%	0.0%	6.0%

圖3　各學制就業率與待業率

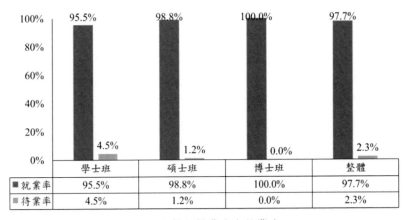

	學士班	碩士班	博士班	整體
■ 就業率	95.5%	98.8%	100.0%	97.7%
■ 待業率	4.5%	1.2%	0.0%	2.3%

圖4　各學制就業率與待業率

由上面的分析可知，本校102～103學年度畢業生（2014～2015年畢業）的就業表現良好，畢業後第一年的平均薪資高於全國平均，有將近一半的畢業生認為工作內容與學系的訓練相符合，而且無論是學士、碩士還是博士班畢業生的就業率都極高，待業率極低。然而，本校仍然希望能夠再更加提升學生的學習成效與就業競爭力，所以我們在過去五年中持續利用校務研究的成果，增加就業輔導的能量。下一節我們會討論我們如何進行這項工作。

參、校務研究在學生就業與發展之應用

一、畢業生流向追蹤

本校配和教育部的要求及自身發展的需要，進行畢業生各項就業狀況流向追蹤與調查。我們調查的項目包含「畢業生平均月收入分布情形」、「學士班畢業生平均月收入分布情形」、「畢業生認為對工作有幫助之學習經驗」、「畢業生參與校內職涯活動或就業

服務情形」、「畢業生就業率與待業率分析」等五大類，並且進行各學院與各系之交叉分析，提供各系開課與調整發展方向之需要。102～103年的資料中，其中一個隱憂就是學生認為工作內容與系的訓練相符合的比例不足，所以我們在就業輔導的過程中，嘗試增加學生認識學習內容與未來就業可能性的連結。我們會在就業力培植的討論結束後列出我們提升就業力的成果。

二、學生就業力培植

本校在就業力培植方面，為整合多元職涯資訊，規劃一系列職涯講座、企業參訪及校友就業經驗傳承座談等活動，並推動系系雙實習，與業界簽訂企業實習合作協議，透過實務導向之訓練課程，讓學生了解職場現況，為未來就業做準備，增加學生職場競爭力，降低學用落差。本節會說明本校在了解學生就業狀況之後，校內進行就業力培植的工作，主要的方向為全球職涯發展師（Global Career Development Facilitator，簡稱GCDF）培訓、徵才說明會、職涯系列講座等等。

（一）GCDF

為整合多元職涯資訊，規劃一系列職涯講座、企業參訪及校友就業經驗傳承座談等活動，並推動系系雙實習，辦理就業學程，與業界簽訂企業實習合作協議，透過實務導向之訓練課程，讓學生了解職場現況，為未來就業做準備，增加學生職場競爭力，降低學用落差。本校從104學年度起，邀請各系所1～4位教授參加全球職涯發展師（GCDF）培訓課程，完成認證之職涯發展師，可以其專業提供學生一系列的職涯輔導相關活動。由職涯課程提供學生就業須知，透過職涯探索測驗結果，由職涯發展師採一對一個別諮詢方式，深入協助學生發掘自身興趣，規劃未來生涯發展志向。本校

GCDF教師並成立職涯導師社群，同時本校於「職涯導師社群實施要點」明定職涯導師協助學生進行職涯探索與規劃之職責：

1. 提供職涯諮詢
   （1）接受學生預約諮詢，提供生涯系列卡片、UCAN測驗與解測服務、引導學生發展職場核心能力、職涯發展定位與跨領域學習指導。
   （2）針對需職涯諮詢之學生，因應當時人數、場地、學生需求之情形，以個別指導、小組討論或其他適合輔導方式舉行，並於每學期末提出相關輔導紀錄，俾利提供時數上之採證。

2. 提供就業輔導
   （1）指導學生撰寫履歷、面試模擬，協助學生進入職場前的求職準備。
   （2）了解所屬系所學習地圖整體架構，並連結未來職涯發展規劃。

3. 配合開設職涯相關課程及講座：
   （1）開設職涯規劃、生涯發展課程或所屬系所之產業實習課程，依據不同年級職涯規劃需求，進行教材設計、課程講授與協同教學。
   （2）辦理所屬系所之職涯輔導講座，增進學生就業競爭力。
   （3）鼓勵所屬系所學生參與「企業參訪」、「職涯輔導講座」等職涯輔導相關活動。

截至108學年為止，本校共有超過30位專任教師參加GCDF訓練，並且大多取得認證。以下為各年度參加訓練與取得認證之專任教師數量。

表1　本校專任教師GCDF訓練參與及認證人數

年度	參與人數	取得認證人數
103年（含）之前	4	4
104年	16	14
105年	8	6
106年	0	0
107年	3	1
108年	2	0
合計	33	25

　　GCDF將生涯發展融入課程或職涯活動，協助學生職涯探索並了解自我，幫助學生藉以規劃不同的學習計畫，在校期間即確立好未來職場藍圖。

　　各系的GCDF會協助各系辦理產業實習課程，讓同學於在校期間就能實際體驗產業現況。下面是104學年起各學年產業實習相關課程數量與修課人次。

表2　本校近年產業實習相關課程數量與修課人次

學年度	課程數量	修課人次
104	34	1435
105	34	1224
106	32	1206
107	26	899
108	36	1245

（二）徵才說明會與職涯講座

　　相較於大拜拜形式的就業博覽會，本校更希望直接讓對本校學生出路直接相關的企業與本校學生面對面進行說明與座談，這就是本校舉辦「徵才說明會」的目的。我們每學年安排10～20家廠商，每家廠商有約半小時的時間向學生說明企業現況，之後再讓學生與廠商代表有一小時左右的座談時間，讓學生更能夠理解產業現況與他們所需要的能力。104學年度之後，本校邀請到的業界廠商

包含教育類：綠色和平基金會、康軒文教集團、佳音英語、吉的堡美語、精英國際教育集團、諾瓦小學暨幼兒園、雅文兒童聽語文教基金會、黑松教育基金會；科技類：臺灣微軟、桓達科技、鈊象電子、緯創資通、泰詠電子；藝術文創類：誠品集團、朱宗慶打擊樂團、奧美廣告、傳揚行銷廣告、三立電視台、聯合報等等。

　　來參加的廠商與學生能夠在說明會有深度的交流，甚至直接提供實習機會。舉例來說，本校105學年度辦理的徵才說明會中，有一位同學在與臺灣微軟的代表洽談後，透過後來的實習機會，成為臺灣微軟的正式員工，後來又取得在職進修的機會，最後在2018年成為美國西雅圖微軟的一份子。

　　本校在104學年度之後，每年辦理一系列求職準備系列講座，包含各類證照及公職考試增能講座、職涯輔導、職場人際溝通與職業倫理等議題工作坊，邀請各領域專家學者或人資主管分享其任用標準、職場經驗或求職準備所需能力等，指導學生全方位求職技巧等等。這類講座深獲學生好評，因為對其求職有直接的幫助。

（三）學生就業力的提升

　　經過畢業生流向調查，我們知道「學用合一」是我們學校必須改進的目標，於是我們鼓勵各系老師加入GCDF社群，並且舉辦徵才說明會與職涯講座，在學習的過程中直接幫學生與職場連結。本校在教職的部分本來就連結地很好，所以過去數年來我們努力在非教職的學用合一上。後來經過畢業生流向追蹤調查之後，我們可以看出很大的差別。

　　在專業能力與工作要求相符程度的部分，102～103學年度之前畢業的同學，僅有約六成的同學認為「非常符合」或「符合」者，但104學年度之後畢業的同學，相符程度就大幅提昇至約七成五。

　　在工作滿意度的部分，102～103學年度之前畢業的同學，僅有約五成八的同學認為「非常滿意」或「滿意」，而104學年度之後

畢業的同學，滿意度就達到六成七以上。

另外在系所專業課程與工作相符程度方面，102～103學年度之前畢業的同學，僅有約四成五的同學認為工作內容「非常符合」或「符合」就讀系所提供之專業訓練課程，而104學年度之後畢業的同學，認為相符程度就超過一半，達到約五成五左右。

最後，關於學生的平均月收入，102～103學年度之前畢業的學士班同學，平均月收入大約為三萬三千元，但104學年度之後畢業學士班的同學，平均月收入就增加至三萬六千元左右。最後在就業率的部分，102～103學年度之前畢業同學的整體就業率約為九成六，已經極為亮眼，但104學年度之後畢業同學的整體就業率更提高至九成八。由此可見，「學用合一」程度的提升，確實幫助學生收入與就業率的提升。

肆、經驗的總結

一、目前遭遇的困境

本校目前遭遇的困境，在學生發展的方面，同時在師培生與非師培生身上。師培生雖然生涯目標明確，但由於大環境的影響，許多學生無法立即找到適合的教職，但相對於其他師培大學來說正式教職就業率已經很高。所以，本校在過去幾年，除了繼續優質的師資培育傳統之外，我們希望面對的是非師培生的困境。

本校在專業系所的教學上或有進步空間，但非師培生的困境，大部份是因為校內職業輔導相關的系所與課程較少，非教育體系的校友也較少，造成學生對職場的不熟悉，以及社會整體對師培大學畢業生進入產業界的疑慮。因此，本校積極成立GCDF職涯導師社群，並且辦理徵才說明會，幫助學生直接理解自己的學習與職場的關係，達到「學用合一」的目標。

二、值得驕傲的特色

本校在學生發展上，長期以來值得驕傲的特色就是培育優質的小教與幼教師資。但除此之外，本校以大量經費支持本校教師參與GCDF訓練，將業界第一手的情報與職涯發展觀念帶進學校，讓本校學生可以深刻地理解產業脈動與自身學習的關係，在數年內大幅提昇本校畢業生專業能力與工作要求相符程度、工作滿意度、收入與就業率等等。本校GCDF職涯導師社群的成立與運作，絕對也是本校值得驕傲的部分。

三、未來發展的方向

本校除了會繼續以校務研究的成果提升就業輔導，幫助學生發展之外，也會持續投入資源培訓GCDF職涯導師，幫助學生了解產業脈動。本校歷來表現傑出，未來仍將秉持優良的傳統及淳樸堅毅的校風，不斷地追求成長、創新與發展。下述五項行動策略為未來努力重點：

（一）發展成師資培育「精緻化」與教育學術研究「卓越化」的高等教育學府：爭取各縣市教職公費生，以「客制化」的精神直接培育第一線教育工作現場需要的教師。

（二）以教育本業的核心能力為主軸，創新拓展相關學術領域，逐步達成多角化經營：在課程上結合最新教育學術研究成果，讓學生繼續維持教育訓練行業的就業優勢。

（三）發展成學術研究與教學及推廣服務兼重的教學型大學：本校除原有教學於研究重點之外，也積極爭取公私部門之推廣教育服務。

（四）各項教育資源的投入與分配，將依師資培育、文教行政人員培育、文化暨數位服務產業人才之培育等三項工作並重發展。

（五）經驗輸出與理念技術引進兼重，以加速國際化腳步：成立國際學程，在各系延攬國際優秀人才，招收國際學生，提供學生海外交換與參訪機會，以增加學生國際移動力與國際就業力。

　　綜而言之，本校未來將培育適量、適性的優質教師，發揮核心能力，加強教育學術之研究，並開拓教育與其它產業結合之領域研發。藉著發揮揚優創新、以變應變和追求卓越之精神，培育「學用合一」之人才，以符應社會需求。

| 畢業生之職涯發展與應用探究

臺灣科技大學研發處校務研究與發展中心主任
朱曉萍

臺灣科技大學研發處校務研究與發展中心研究員（通訊作者）
莊育娟

臺灣科技大學研發處校務研究與發展中心研究員
蔡秦倫

臺灣科技大學研發處校務研究與發展中心技術組員
許志毅

壹、前言：校務研究，從定位做起

在政策的大力推動下，校務研究（Institutional Research）成為學校必做的基本功課，各校近年遂展開了對自身運作的問題界定與成效檢驗的系列工作。校務研究的進展與推動，從資料收集與建置的層次，逐步累積能量並邁入各類的議題分析，並進而達到決策回饋的機制層次。在逐步推動的過程中，皆幸賴校內外各處室單位人員、主管的協助與支持方能推動，特此感謝。

校務研究起源於美國1960年代，其角色定位歷經長時間的演

化，至今的主要功能已成為回報重要教育統計資料至各級政府、提供校內決策單位相關管理數據、進行各類資料庫整合與個資保護、以及學生學習成效評量與各類問卷之發行（Volkwein, Liu, Woodell, 2012）。相較於美國，臺灣校務研究雖然起步於2015年，但短短幾年下來，臺灣校務研究方向逐漸有別於美國的模式，進而發展出多方面貌，並且朝向符合臺灣各校特性所需之分析議題。

議題探究的類型大抵可歸類於四種類型，其一為探討**人力、資產設備之回饋與管理**，透過研究對於資產與設備進行有效之管理；其二為探討**外部機構之連結**，期能促進機構與外部單位互動與檢核；其三係檢視**營運與獲利之間的聯結**，期能增進校務機構在營運推動上之管理效能；其四則是探究**學習者的教育成效與發展**：例如畢業生的調查分析、學習表現對畢業狀態的影響分析等，這能夠有效的系統性檢核教育資源（學術、實務資源）挹注在學子身上的各環節，檢驗其所能取得的成效，且作為校務機構取得社會聲望、輸送學生到學術、實務領域的成果檢驗。

值得注意的是：各類校務資料探究的研究成果，其背後乃是校務研究機構對於資料庫的串接系統與運作機制，以及相關資料儲存與資安保密的建置與要求，方能使得相關的研究與探究過程，能夠貫時性的保存與串接。然而校務研究的探究之路，不能僅是將資料進行計量分析，更是需要將議題分析的結果帶入到校務經營高層的決策圈，並需要將資料提供給相關的利害關係人知悉，因而在此一層次校務研究進入了【循證－回饋】系統迴路機制觀點（此一觀點乃是借用系統論來規劃，而非傳統的PDCA觀點）。

臺灣科技大學的校務探究路徑：乃是兼採由上而下（top down）與由下而上的（bottom up）的雙向探究邏輯，前者是協助校務高層進行的議題提供相關資料進行研議與決策，後者則是由校務經營之利害關係人（校友、業界代表、高中生）等所在意的事項以及相關意見，對此進行資料蒐集以及計量分析，在此一階段，大

抵為循證的階段任務，接著透過循證的結果，討論相關的研究結果帶來的意涵以及可能的理解視角，並且透過理解視角對其後的結果進行預判，亦即在分析結果的支持下，校務研究工作進入到尋求理論、觀點來協助對未來會發生的事件進行預判和判讀，並且以研究分析結果、預判未來走勢的多重資訊回饋，皆提供至校務經營高層的決策圈，透過校務高層決策圈的討論以及評估，在決策圈中進行校務政策的決策支持，更進一步將相關研究議題提供給校內、外相關的利害關係人，其後選定相關議題、特定議題持續深化、持續進行成效追蹤，再進入結果回饋趨勢預判。

臺灣科技大學依據校務經營方向，乃是以「應用研究型大學」之定位強調在科技應用研究的持續耕耘（含機構型、計畫型合作）以及成效追蹤，因此前頁所提及之前三項校務研究類型均為達成此目標而服務。但同時本校也肩負「培養高級工程技術及管理人才」暨「建立完整技術職業教育體系」之使命，以「增加學生就業市場價值」及「國際就業能力」為努力目標，並在少子化以及國際高等教育市場高度競爭的外在環境之下，需快速回應社會大眾對於大學畢業生的就業期待以及技職教育人才培育學用落差的關切。

依循本校之定位以及目標，本篇章將針對**學習者的教育成效與發展之類型**進行研究剖析，採用分析校友之就業成果（Alumni Outcomes Approach）以及校友對過往在校經驗之反思來評估大學之辦學效能與效率（Alberto, Weerts, Zulick, 2005）。此方法大抵將求學過程視為教育資源累積歷程，並且校友之工作滿意度、經濟收入、相關就職經驗等成果，用於衡量前期教育資源投入之效率性。在這樣的思維下，本校串接學生的背景資料、在學期間的學習成效資料、以及畢業生流向資料調查等，關注其學習成效對畢業就業的學職轉換成果之影響，以及與之相關之學用落差、高成低就等負向的心理妥協傷害的影響效果；此外將學習者以生涯網絡節點，合併畢業生流向資料調查以及薪資調查等資料，觀察畢業生所獲得之職業

與薪資水準，進而探討教育成果協助取得職業取得與轉換的成果。

貳、畢業生就業表現

一、學士畢業生畢業後一年概況

　　101~106年當中，臺科大每年取得四年制之學士學位者平均為1,200位，而依據畢業生流向調查顯示畢業後一年之畢業生約4成5左右之為全職工作，且學生平均近7成5都在3個月以內找到工作。而一半以上之非就業狀態畢業生，其未就業之原因約7成5回報處於升學或是進修中之狀態，僅有少於5%的畢業生仍在尋找尋找工作。在職業類型上，本校畢業生約8成以上集中於「科學、技術、工程、數學類」、「製造類」、「建築營造類」、「資訊科技類」等四類，而工作地區主要分布在臺北市、新北市、以及桃園市，約佔7成左右。

　　在工作內容與系所課程訓練相符程度調查狀況當中，可以發現約5成以上的學士畢業生勾選非常符合或符合;在專業能力與工作相符程度的調查上，可以明顯看到101至106學年度皆顯示符合（約5成）、非常符合（約1成5）；

　　在工作整體滿意度上，6個學年度的分布有1成的學生勾選非常滿意，5成的學生勾選滿意。在學習經驗對工作幫助的複選題選項，不同學年度的調查中，皆顯示前三項為最多學生勾選的選項為「專業知識、知能傳授對工作有幫助」、「同學及老師人脈對工作有幫助」、「課程實務、實作活動對工作有幫助」。

二、碩士畢業生畢業後一年概況

　　同樣在101~106年當中，臺科大每年取得碩士學位者約為1,600

位左右，依據畢業生流向調查結果可知，畢業後一年之碩士畢業生超過8成5已取得全職工作，將近8成5的學生在3個月內找到工作，並高度集中在「科學、技術、工程、數學類」、「製造類」、「資訊科技類」等三類職業類型，且因地緣關係而工作地點分布於臺北市、新北市、以及桃園市。在工作內容與系所課程訓練相符程度、專業能力與工作相符程度、以及工作整體滿意度上三個題向上，近7成的碩士畢業生均給予正向的評價。在學習經驗對工作幫助之複選題選項上前三項為「專業知識、知能傳授對工作有幫助」、「同學及老師人脈對工作有幫助」、「課程實務、實作活動對工作有幫助」，結果與學士問卷結果相似。

三、畢業生流向調查一年、三年、五年之串接

從調查可知，臺科大畢業之學子若直接進入職場，均有良好的求職速度且所學專長與就業市場高度吻合，而未就業之學士畢業生並非有顯著的就業困難，而是在生涯規劃上已有明確之升學或進修目標。依據以上結果得知學士與碩士畢業生的就業狀況以及求職速度均表現良好，並在各類滿意度或相符度上均為正向表述。

然而，對單一橫斷時點的畢業生資料僅能窺探在特定畢業、求職行為與知能知覺與評估上的關係，並未能滿足於此一研究範式，因而在此基礎之上，本研究將以貫時研究範式觀察畢業生在畢業後不同時間點的變化，期望更能揭示更多跨越不同時間中的各種更為複雜的現象，以及檢視這些現象背後的成因與原理。

在此一研究範式的推動之下，本校串接98年與99年學士以及碩士畢業生之一年、三年、五年之問卷成果並結合學生背景資料與學習成效資料，共190位有效樣本，進行就業條件、學習回饋與經濟收入的趨勢分析以及相關變項之間的因果分析，藉以了解畢業學子在經濟收入、工作要求與知識、能耐之間的相符等變項上在跨時間

變化上，會揭示那些影響狀況。

　　首先，經濟收入的變化，若置於社會學角度觀之，將能揭示了臺灣理工型知識領域畢業學子在職業發展脈絡下的，透過何種機制，如工作轉換、能耐、知識相符程度帶來的職涯階梯提升的現象，若以教育學角度觀之，則可作為教育成果的持續追蹤，以及教學品保的成果檢視，特別是能夠以遞延效果來觀察個體在跨時點的表現，若是以心理學角度觀之，則要觀察個體哪類型的特定知覺、生涯行為能夠影響經濟收入的表現。

　　又學用落差中的知識落差、技能落差，皆是近年來畢業生在畢業時，所被歸因為就業困難甚至是失業的主因，然而其內在假設了學用落差的程度，除了造成就業門檻之外，亦是職業取得困難的主因，若將此觀點置於貫時的觀察下，那麼探究學用落差的貫時影響，將是重要的議題，無獨有偶的，Gottfredson和Beck（1981）亦以貫時探究方式，揭示了學用落差的彌合效果並不好，因而在此思維之下，學用落差程度會因為職業轉換和調整，而達到漸次彌合的效果嗎，亦是重要的學術問題的回應。

　　其三，工作要求與知識課程相符，亦應在個體主觀知覺中，會是影響工作滿意的內在動機，這是因為學用相符，乃是個體能力實現的個體內在評估，此一評估若置於工作滿意的二因論中，大抵可以揭露，工作滿意度的來源多與工作內容的相符程度，故循此一觀點上，檢驗工作滿意會到工作要求與之課程相符程度的影響有多少。

　　其四，在學用落差內的知識與技能結構，是亟待探詢的議題，研究的邏輯有諸多嘗試，若以成份觀點來看則關心知識落差、技能落差兩者各占了學用落差的比重程度，甚或是影響程度，然二另一種觀點則是假定學用落差內在亦有其因果關聯，例如探詢知識落差會影響技能的落差知覺，又抑或是能力落差會影響知識落差的知覺，在前者假設了以知識的原理原則為學習核心的教育型態，大多

採用此一觀點，例如文理型教育科系，而後者多假設了在實做中學會知識的原理原則的學習核心的教育型態，例如以實務應用型科系，在此問題上確實可見到受到高教脈絡的影響（大學型態、領域科系），因而在本校的科系形態下，亦應嘗試檢查"做中學"型態的技能落差程度，會影響知識相符程度的跨時點變化。

參、畢業生學用落差之實證研究

一、研究假設

故雜揉上述社會學、教育學、心理學之視角，因而提出本校畢業表現之貫時研究考驗的形式與假說。

命題一：工作轉換程度（畢後三年），會影響工作要求與知識領域課程相符程度之跨時點的表現，此乃立基於學用落差造成職業取得困難的效果，且將其置於貫時探究下，工作轉換能否降低學用落差中的知識落差（反向，知識相符）。

假說H1-1：工作轉換程度會正向提高工作要求與知識課程相符程度知覺之跨時點表現。

命題二：工作轉換程度（畢後三年），會影響經濟收入程度之跨時點的表現，立基於個體生涯發展乃是職涯階梯型態的成長（升遷、轉職）等運作機制。

假說H1-2：工作轉換程度會正向提高經濟收入程度之跨時點表現。

命題三：工作要求與知識課程相符程度（畢後一年），會正向的影響工作滿意會之跨時點的表現，這是建立在工作滿意的二因論架構之下，觀察知識領域的相符知覺，應帶來工作滿意程度。

假說H2：工作要求與知識領域相符程度會正向提高工作滿意程度之跨時點表現。

命題四：工作要求與能耐落差的程度（畢後一年），會正向影響工作要求與知識課程相符程度之跨時點的表現，這是建立校系特徵下的知識與技能關係假設。

假說H2：工作要求與能力相符程度，會正向提高知識領域相符程度之跨時點表現。

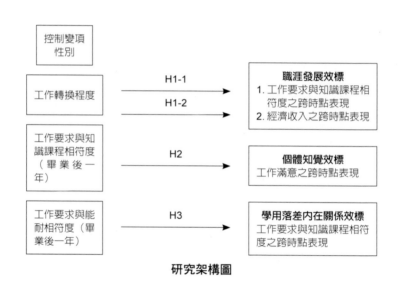

研究架構圖

依據上述的研究檢驗目的，本研究以重複量數變異數分析（Repeated Measurement ANOVA）進行檢驗，其中包含Mauchly球形檢定，觀察資料是否符合球形假定，並觀察其符合球形檢定的狀況，若未符合球形假定下，則需要使用Greenhouse-Geisser」的假定來進行修正，且觀察Eta平方（η^2）來看其獨變項對依變項的整體解釋力，而以Wilk's lambda值來界定整體模型的統計顯著效力。

二、研究變項

　　性別。本研究當中選擇了性別為控制變項。有效問卷當中男性比例為73%、女性為27%。

　　工作轉換次數。是指個體在畢業三年內工作轉換的次數，因其非常態分佈，且分數表示轉換次數，因而需要將其依據分布重新編製為5尺度，尺度1為未有轉換工作（共114位）、尺度2為轉換1份工作（共40位）、尺度3為轉換2份工作（共8位）、尺度4為轉換3份工作（共5位）、尺度5為轉換5份工作以上（共2位）。尺度越高表示工作轉換次數越高。

　　工作要求與能耐相符程度。是指個體知覺到工作要求與自身具有的專業能力水準相符的程度。僅具有畢後1、3年資料，為5尺度測量，分數越高，表示相符程度越高，平均數依序為3.81（標準差=.962），3.81（標準差=.907），顯示工作要求與專業能力相符程度，具有相似的趨勢。

　　工作要求與課程知識相符程度。是指個體知覺到工作要求與大學知識領域課程相符的程度，僅具有畢後1、3年資料，為5尺度測量，分數越高，表示相符程度越高，平均數依序為3.58（標準差=1.00），3.57（標準差=.1.008），顯示工作要求與系所專業課程相符程度，有相符的趨勢。

　　工作滿意度。是指個體對職位知覺到滿意程度，僅具有畢後1、3年資料，為5尺度測量，分數越高，表示滿意程度越高，平均數依序為3.63（標準差=.786），3.79（標準差=.777），顯示個體對工作滿意有上升的趨勢。

　　進修動機。是指個體就職後再進修的動機強度，僅具有畢後1、3年資料，為5尺度測量，分數越高，表示動機強度越高，平均數依序為1.59（標準差=.493），1.51（標準差=.502），顯示個體對

進修動機有微幅下滑的趨勢。

經濟收入。是指個體單月經常性薪資收入。然而其原始測量考量畢業一年、三年、五年的收入級距之差異，在其畢業一年的調查尺度與的業後三年、五年之調查尺度略有差異，畢後一年為15個尺度，畢後三、五年則往後延續到27個尺度，造成尺度不一致的情況，因而為求尺度的一致性，將其重新劃分為五個等級，尺度1包含了原尺度的1-5個薪資級距，尺度2為原尺度的6-10個薪資級距，尺度3為原尺度的15-20個薪資級距，尺度4為原尺度的21-25個薪資級距，尺度5為原尺度之最高兩個個薪資級距。轉換過後經濟收入在其畢業後1、3、5年平均數為1.95（標準差為.534）、2.58（標準差為.792）、2.78（標準差為1.107），顯示整體薪資上升趨勢。

三、跨年趨勢表現

另外針對上述各項變數，例如工作要求與能力相符程度、工作要求與課程知識相符程度、工作滿意度、經濟收入水準等四項，進行跨年趨勢觀察。

工作要求與能力相符程度。僅具有畢後1、3年資料，其經Mauchly's W係數為1.00，未違反球型假設，進而觀察球型假設，其檢定結果$F_{(1,130)}$=.009，P=.925，顯示其兩者重複量數之平均數並未有差異，受試者內線性模式進行預測（$F_{(1,130)}$=.009，p=.925），亦未達顯著水準，另在受試者間的變化為Eta^2=.957，$F_{(1,37)}$=2891.501，P=.000，則達顯著差異。

工作要求與課程知識相符程度。僅具有畢後1、3年資料，其經Mauchly's W係數為1.00，未呈現考驗，其未違反球型假定，需觀察球型假設，可見其$F_{(1,130)}$=.011，P=.917，顯示其兩者重複量數之平均數並未有差異，受試者內線性模式進行預測（$F_{(1,130)}$=.011，p=.917），亦未達顯著水準，另在受試者間的變化為Eta^2=.939，

F（1,37）=2012.412，P=.000，達顯著差異。

工作滿意度。僅具有畢後1、3年資料，其經Mauchly's W係數為1.00，未呈現考驗，其未違反球型假定，需觀察球型假設，可見F（1,37）=1.399，P=.244，顯示其兩者重複量數之平均數並未有差異，受試者內模式進行預測（F（1,37）=1.399，p=.244），亦未達顯著水準，另在受試者間的變化為Eta^2=.970，F（1,37）=1186.447，P=.000，達顯著差異。

經濟收入。其畢後一年、畢後三年、畢後五年，其經Mauchly's W係數為.780（X^2=30.753, df=2，P=.000）考驗後，違反球型假定，需觀察Greenhouse-Geisser進行修正，可見其F（2,250）=65.176，P=.000，顯示其三者重複量數之平均數有其差異，且其受試者內檢定可以二次方模式進行預測（F（1,125）=18.641，p=.000），另在受試者間的變化為Eta^2=.871，F（1,125）=241601.732，P=.000，亦顯著差異。

四、主效果

接下來使用重複量測變異數分析（Repeated Measurement）ANOVA對上述依變項進行主效果考驗。整體而言，性別並未能對工作要求與能耐相符程度、工作要求與知識課程相符程度、工作滿意度的跨時點趨勢有所影響。

（一）工作轉換程度對工作要求與知識課程相符度的跨時點趨勢的影響

整體模式中工作轉換程度對工作要求與知識課程相符度的跨時點趨勢之影響效果，在Box'S M=8.296，F（4,125）=.797，P=.619，Wilks' Lambda =.916，F（4,125）=2.854，P=.026，達顯著水準，顯示整體模式具有統計意義。接續檢驗之Mauchly's W係數為1.00，未呈

現考驗，亦即未違反球型假定，需觀察球型假設、下限。由下表1可見在工作轉換次數*時距的互動項（交互作用項）上，受試者內的變化為Eta^2=.084，$F(4,125)$=2.854，P=.026，因此工作轉換次數的改變對於工作要求與知識相符度的趨勢變化有顯著影響效果。最後在進行levene同質性檢定中，可見工作要求與課程相幅度在畢後1、3年檢定值依序為$F(121,9)$=.332、.521，p=.856、.720皆未達顯著，顯示未違反同質性檢定，受試者間的變化為Eta^2=.020，$F(4,125)$=.634，P=.639，未顯著差異。顯示不同群體、組內變化，並未有顯著影響。

表1　工作轉換程度在工作要求與知識課程相符度之ANOVA比較表

變異來源	型III平方和（SS）	自由度（df）	平均數平方和（MS）	F	P
受試者間					
截距	721.021	1	721.021	429.979	.000
性別	1.792	1	1.792	1.069	.303
工作轉換程度	4.255	4	1.064	.634	.639
誤差	209.609	125	1.677		
受試者內					
工作要求與知識課程相符度之跨時點	.037	1	.037	.111	.740
性別×工作要求與知識課程相符度	4.411	1	4.411	.000	.991
工作轉換×工作要求與知識課程相符度	3.805	4	.951	2.854	.026
誤差	41.661	125	.333		

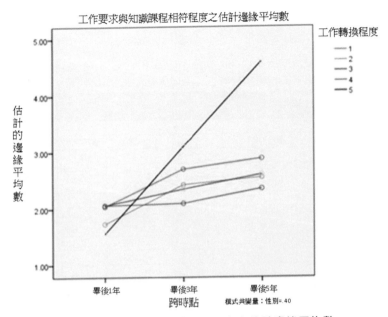

圖1　工作要求與知識課程相符度之估計邊緣平均數

（二）工作轉換程度對經濟收入跨時點趨勢的影響

第二個模型當中工作轉換程度對經濟收入跨時點的影響效果根據
Box'S M=3.136，F（8,238）=.503 P=.807，Wilks' Lambda =.877，F（8,120）
=2.013, P=.047，達顯著水準，顯示整體模式具有統計意義。接著觀
察Mauchly's W係數為 .792（X^2=27.802 p=.000），達顯著水準，顯示模
型違反球型假定，需觀察Greenhouse-Geisser檢定值。在工作轉換次數
*時距的互動項上，受試者內的變化為Eta^2=.071，F（8,240）=2.304，
P=.031。因此工作轉換次數的改變對於經濟收入的3個時間點的變化
趨勢，有顯著影響效果。在進行levene同質性檢定中，可見經濟收
入在畢後1、3、5年檢定值依序為F（4,121）=2.137、1.572、.889，
p=.080、.186、.473皆未達顯著，顯示未違反同質性檢定；最後受試

者間的變化為Eta^2=.062，F（4,120）=1.999，P=.099，未顯著差異。
顯示不同群體、組內變化，並未有顯著影響。

表2　工作轉換程度在經濟收入之ANOVA比較表

變異來源	型III平方和（SS）	自由度（df）	平均數平方和（MS）	F	P
受試者間					
截距	463.080	1	463.080	376.567	.000
性別	13.200	1	13.200	10.734	.001
工作轉換程度	9.831	4	2.458	1.999	.099
誤差	147.569	120	1.230		
受試者內					
經濟收入之跨時點	15.447	2	9.333	21.971	.000
性別×經濟收入	.609	2	.368	.866	.404
工作轉換×經濟收入	6.478	8	.978	2.304	.031
誤差	84.367	240	.352		

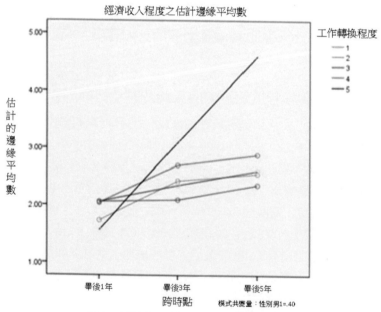

圖2　經濟收入程度之估計邊緣平均數

然而在觀察工作轉換程度會對工作要求與課程相符、經濟收入的跨年趨勢產生變化後，能夠了解工作轉換次數對其工作有所影響，特別是工作要求與課程相符程度會受到工作轉換程度的影響，但是工作要求與專業能力相符程度卻未能受到工作轉換次數的影響（整體模式未達顯著水準）。然而以大學對於學生的就業發展的協助以及校務定位而言學生就業後工作要求與專業能力能否相符、工作要求與專業課程相符的程度亦是相當重要的議題，因而在此一觀點之下，針對其影響範圍進行探索。

（三）工作要求與課程知識相符度對工作滿意度的影響

　　首先觀察畢後1年的工作要求與課程相符程度與工作滿意度之間的影響，跨時點趨勢的影響效果為Box'S M=16.404，F（9,769.282）=.1.254, P=.240，Wilks' Lambda =.866，F（4,125）=4.824,P=.026，達顯著水準，顯示整體模式具有統計意義。接著其Mauchly's W係數為1.00，未呈現考驗，未違反球型假定，需觀察球型假設、下限。如表3所示，在工作要求與知識課程相符度*時距的互動項上，可見在受試者內的變化Eta^2=.134，F（4,125）=4.824，P=.001，顯示畢業後1年的工作要求與課程相符程度對於個體工作滿意度的跨時點變化，有顯著影響效果。最後在進行levene同質性檢定中，可見工作滿意在畢後1、3年檢定值依序為F（121,9）=1.877、1.437，p=.118、.226皆未達顯著，顯示未違反同質性檢定，受試者間的變化為Eta^2=.039，F（4,125）=1.264，P=.288，未顯著差異。顯示不同群體、組內變化，並未有顯著影響。

表3 工作要求與課程知識相符度對工作滿意度之ANOVA比較表

變異來源	型III平方和（SS）	自由度（df）	平均數平方和（MS）	F	P
受試者間					
截距	1729.498	1	1729.498	1914.974	.000
性別	.003	1	.003	.003	.954
工作要求與知識課程相符度	4.565	4	1.141	1.264	.288
誤差	209.609	125	1.677		
受試者內					
工作滿意之跨時點	.178	1	.178	.634	.427
性別×工作滿意	.004	1	.004	.013	.908
工作要求與知識課程相符度×工作滿意	5.402	4	1.351	4.824	.001
誤差	34.998	125	.280		

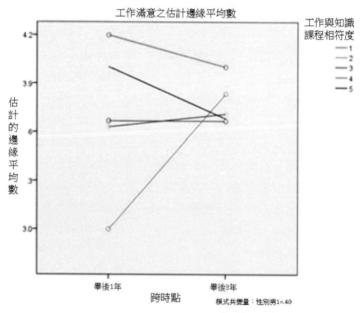

圖3 工作滿意度之估計邊緣平均數

（四）工作與專業能耐相符度對工作與課程知識相符度的影響

　　接著觀察整體模式中工作與能耐相符度對工作與課程相符的跨時點趨勢的影響效果，為Box'S M=19.052,F（4,125）=1.966, P=.039，Wilks' Lambda =926，F（4,125）=2.840 P=.047，達顯著水準，顯示整體模式具有統計意義。接著Mauchly's W係數為1.000，未呈現考驗，並未違反球型假定，需觀察球形假設。如表4所見，在工作與能耐相符*時距的互動項上，受試者內的變化為Eta²=.074，F（4,125）=2.480，P=.047，因此在工作與能耐相符*時距的互動項上，能夠對工作與課程相符的2時點變化趨勢，有顯著影響效果。最後在levene同質性檢定中，可見工作與課程相符在畢後1、3年檢定值依序為F（4,126）=2.942、1.037，p=.023、.391顯示畢後一年的工作與課程相符知覺違反同質性檢定，其受試者間的變化為Eta²=.242，F（4,125）=9.972，P=.000，達顯著差異。顯示不同群體、組內變化，有顯著影響。

表4　工作與能耐相符度在工作要求與知識課程相符度之ANOVA比較表

變異來源	型III平方和（SS）	自由度（df）	平均數平方和（MS）	F	P
受試者間					
截距	753.657	1	753.657	581.064	.000
性別	3.973	1	3.973	3.063	.083
工作要求與專業能耐相符度	51.736	4	12.934	9.972	.000
誤差	162.129	125			
受試者內					
工作要求與知識課程相符之跨時點	.619	1	.619	1.838	.178
性別×工作要求與知識課程相符	.053	1	.053	.156	.693

變異來源	型III平方和（SS）	自由度（df）	平均數平方和（MS）	F	P
工作要求與能耐相符×工作要求與知識課程相符度	3.343	4	.836	2.480	.047
誤差	42.123	125	.337		

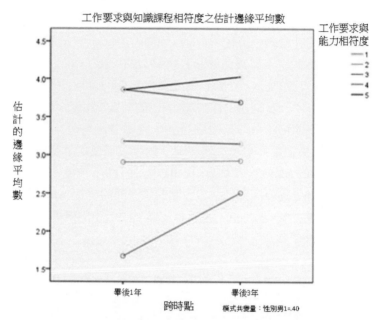

圖4　工作要求與知識課程相符度之估計邊緣平均數

　　透過表1顯示畢業後三年內的工作轉換程度，會影響個體對於課程相符程度的跨時點的變化。這顯示了工作轉換能夠逐漸彌合工作要求與知識領域課程的跨時點表現，這可由教育學觀點下的教學品保概念中，可見教學成果的遞延效果能夠透過促進學子逐步彌合工作學用落差中的知識領域落差（相符程度在跨時點中，逐漸增加）。表2的部分顯示畢業後三年的工作轉換程度，會影響個體對

於經濟收入的跨時點的變化。這結果符合社會學當中對於職業發展階梯的可發展模式，亦可觀察到個體在工作轉換中，追求更高成就與收入的線性發展趨勢。

表3則呈現畢業後一年的工作要求與課程相符程度，會影響個體對於工作滿意度的跨時點變化。這結果顯示本校畢業生在追求知識領域的學用相符上，會帶來在工作滿意上跨年的趨勢變化，這也合於工作滿意度的二因論的立場。最後表4代表了畢業後一年的工作要求與能耐相符度的知覺，會對畢後1、3年的工作與課程相符之跨時點的變化有影響。觀察學用落差內在的因果結構，可見符合本校發展脈絡下的能耐相符（工作要求與能耐相符程度），進而引發知識相符（工作要求與知識課程相符程度）的跨年趨勢變化，這不僅證明了不同教體系可能暗示著不同的學用落差內因果關係的可能性，亦說明了在本校中應用研究的教學型態中，不僅能夠建立個體在實務能耐學習的精進，更是促進知識相符的跨時點變化。

綜觀研究結果，可見得在本校畢業學子的就業表現在跨年的變化上，可以了解工作轉換的程度不僅促進了學用相符中知識相符的程度，更是帶來經濟收入的線性成長之趨勢，這顯示了社會學中關心職業階梯的貫時性職涯路徑的存在，也是在跨年的發展上取得經濟收入重要的一環。另外也關注到個體內在的工作滿意度，呼應了工作滿意二因論中知識相符所帶來的工作滿意之激勵因子的有效性，更細膩的觀察了在貫時檢驗下，畢業生知識相符或是能耐相符的關聯性體現了本校應用研究型大學的教學基調，以能耐相符為核心促進了知識相符的跨年表現。

肆、經驗總結

故對本校的畢業學子之助益來說，在生涯輔導或是教學品保的概念下，應鼓勵學子把握每一次轉換工作的機會，因為不僅能帶來

數年的知識相符知覺，更是帶來數年的經濟收入的增加。在此同時學校可擷取校共通核心能力設計軟實力課程或工作坊，以內化學生面對工作轉換的適應力與彈性，雖此能力或許非一畢業即能展現但勇於挑戰新職場與環境的能力能夠在每次的轉換當中更形提升。除此之外，可見對個體而言，當知識領域的相合度增加，更會帶來數年的工作滿意之增量，因而在教育體系下，亦可強化若要尋得多年來皆會滿意的工作，那麼應該觀察的是透由知識相符的知覺來進行預測，故在課程上強化職場知識與教學知識的相符，會對學子帶來較高的個體知覺到數年工作滿意的可能性。因此學校在課堂上傳授之知識外，搭配實習以及產業訪問等活動，協助學生預先經歷職場氛圍，並初探知識相符之程度，以減少學生選擇知識相合度低的工作，進而提供工作滿意度。

總觀畢業生的就業狀況已透過畢業生流向調查進行初步了解，且受惠於各教學單位以及行政單位之協助，各級畢業生之填答率逐年提升，進而更能幫助本校進行更精準的研究。同時本校也及時將填答結果回饋給各系所，作為各單位招生管理，課程設計等之參考依據。但受限於題項數量以及題目選項的限制，未能使用更進階的統計分析以及更完整的教育、心理等理論探索更多的議題。因而本校在畢業生流向調查的基礎題向外，擴充校友在工作職場中對於各項知能與態度的重要性回饋，並新增校友對於職涯轉換以及在校經驗之整體性評估，以評估校友對於職場知識的預備程度與適切度。也期盼更多就業資料收集與在學資料的介接，深入地探究學用落差（相符的反向）內在的因果及結構，以了解如何透過在校知識與技能實作課程之搭配，例如課堂教學上之建構與預備未來能耐發展的操作機會，協助學生以在校的最後一哩路順利銜接上未來的職涯生活。此外本校的外籍生人數日益增多，且外籍校友返回母國服務後，紛紛成立校友會。因此本校已針對外籍生設計並發送應問校友問卷，了解外籍校友在校所經歷的跨文化衝擊、職涯規劃需求等經

驗，能夠為在學的外籍生打掃更好的學習環境，且為本校日後的國際生招生策略、外籍校友募款、跨國校友會之建立、本國學生國際化接軌活動設計，提供回饋與建議（Volkwein, 2010）。

最後在資料分析層次，以及資料倉儲的資料保存與使用規範下，已完成【循證-回饋】之迴路。但在此之上的下一個階段，即是進入到依據既有的校務研究資料與分析，加工成為各利害關係人能夠有使用需求與意義的介入型資訊，進而邁入【研究-介入】階段工作，實為本校校務研究單位之期許與目標。因而依循此目標，本校校務研究單位預計援引教育、心理、社會領域的觀點，盤點與規劃相關的資料，逐步擬以畢業流向的貫時調查，觀察職業類別的取得，以及相關的薪資級距、所需能耐等結點（職業別間的節點）、關係（流入人數比例）等資訊系統網頁查詢形式來呈現職業取得的變化，協助學生在畢業選擇職業之際，能有預覽未來職業可能的流動巨觀資訊，進而在職涯發展以及就業市場上更具競爭力與未來性，並能更加實踐技職教育當中學用相符的理想。

參考文獻：

林大森（2011）。教育與勞力市場之連結：分析臺灣專業證照的市場價值。**社會科學論叢，5（1）**，39-83。

林大森（2002）。高中／高職的公立／私立分流對地位取得之影響。**教育與心理研究，25（1）**，35-62。

翁康容、張峰彬（2011）。高等教育擴張後學校到職場的轉銜：學用之間的反思。**社會科學論叢，5（1）**，1-37。

彭莉惠、熊瑞梅、紀金山（2008）。**高等教育擴張對於勞力市場職業成就的影響：世代、性別、性別化科系與初職、現職社經地位之間的連結**。社會階層與社會流動：臺灣社會變遷基本調查第十三次研討會，臺北市。

蔡秦倫、王思峯（2015）。職涯妥協的滿意度後效：以學系特徵為調節變項。**中華輔導與諮商學報，48**，1-33。

蔡秦倫（2016）。機會結構與初職妥協：跨校畢後一年調查分析，輔仁大學心理所博士論文。

Allen, J., & Van der Velden, R. (2001). *Educational mismatches versus skill mismatches: effects on wages, job satisfaction, and on-the-job search.* Oxford Economic Papers,53(3),434-452.

Cabrera, A. F., Weerts, D. J., & Zulick, B. J. (2005). Making an Impact with Alumni Surveys. In Weerts, D.J.& Vidal, J (eds.) *Enhancing Alumni Research European and American Perspectives.* New Directions for Institutional Research No.126. San Francisco: Joseey-Bass.

Gottfredson, L. S., & Becker, H. J. (1981). A challenge to vocational psychology: How important are aspirations in determining male career development? *Journal of Vocational Behavior, 18(2),* 121- 137. doi: 10.1016/0001-8791 (81)90001-4

Herzberg F., Mausner B., Synderman B. (1959). *The motivation to work.* NY: Wiley.

Rubb, S.(2013). Overeducation, undereducation and asymmetric information in occupational mobility. *Applied Economics,*45(6),741-751.

Sattinger, M. (2012, 4). *Assignment Models and Quantitative Mismatches.* Prepared for the Expert Workshop "Skill Mismatch and Firm Dynamics: Integrating Skills with the World of Work", London.

Volkwein,J.F,Liu,Y.,Woodell, J (2012). The Structure and Functions of Institutional Research Offices. In Howard, R.D., McLaughlin,G.W., Knight, W.E. & Associates, *Handbook of Institutional Research* (pp. 22-39). San Francisco: Jossey-Bass.

Volkwein,J.F.(2010). Assessing Alumni Outcomes. *New Directions for Institutional Research* nS1 spec iss.. San Francisco: Joseey-Bass.

|學用接軌 Yes「iCan」！

淡江大學資訊處資訊長
郭經華

淡江大學校務研究中心主任
張德文

淡江大學資訊處研究助理（通訊作者）
林盈蓁

淡江大學資訊處前瞻技術組組長
曹乃龍

圖1　淡江大學智慧3i

壹、前言

淡江大學推動「國際化」、「資訊化」、「未來化」三化教育理念，資訊化部分，本校於1968年創設資訊中心（現為資訊處），並將電腦科技應用於教育行政、教學、研究、服務工作，為國內大學資訊化的先驅。2017年起，淡江第五波資訊化發展，以「智慧」為核心精神，落實數位轉型，運用大智行雲網智慧科技與服務設計的新思維，孕育數據驅動、證據導向的組織文化，打造智慧校園，形塑感動服務。

根據國際知名網路計量研究機構Webometrics在2020年1月所公布的「世界大學網路排名」（Webometrics Ranking of World Universities），淡江大學在全球超過27,000個世界大學暨研究機構中，排名第877，亞洲排名為第175，臺灣地區大專院校排名第10，榮登國內私校第一，更領先多所知名國立大學。

圖2　淡江大學服務創新架構圖

本校以資訊化支持服務創新，建置網路、資料中心及軟體雲等資訊基礎設施，透過教務、學務、人事與財務等校務資訊系統及教學支援平台以達行政與教學的資訊化，支持教學與課程創新，並應用畢業生資料及學習歷程進行學習成效分析、學習預警以及畢業生流向分析。如圖2所示，藉由蒐集教學、研究、學生學習及行政支援等校務資料，結合自我評鑑結果，適時提供適量具事實依據之研究分析，以為校務發展決策及成效評估之參考，並成立校務研究諮詢委員會，進行研究議題方向規劃，以符合高教發展趨勢，精實整體校務與支援發展決策。

　　在學生就業與發展方面，本校於108年及109年與勞動部勞動及職業安全衛生研究所合作執行研究計畫，整合校務資料及勞動行政資料，建立學用資料庫，探討畢業生學習歷程與就業表現的關聯性。資料呈現上，有別於傳統的單向資訊提供，透過高互動性的視覺化工具，讓相關利害關係人可即時檢視相關數據。

　　學用資料整合，除可有效追蹤畢業生流向，就業分析資料可進行系所體質健檢，做為課程改善及調整參考依據外，配合本校整合性校務資訊服務系統所建置之校務研究資料倉儲，可進一步串連完整學習資料，分析學生軟實力和硬實力與就業的關聯性，探討影響就業的關鍵因素。

　　本校資訊處團隊與校務研究辦公室共同合作，應用School Insight平台工具建置校務研究分析平台（如圖3），除開發校務統計資料視覺化工具外，更依據需求針對教務類、學務類、特色課程類及畢業生就業情形等議題進行客製化視覺化呈現，將議題關鍵內容視覺化整合呈現，讓各利害關係人可依需求利用選單篩選並呈現所需資訊（如圖4）。

圖3　淡江大學校務研究分析平台-議題分析（示意圖）

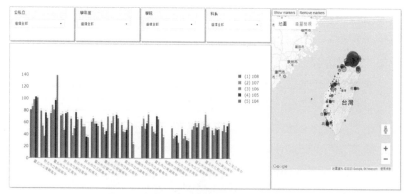

圖4　生源地圖視覺化工具（示意圖）

貳、淡江大學 智慧3i & 3D

淡江大學邁入璀璨第五波，在大數據的引領下，以智慧為核心，展現數據驅動、證據為本的行動準繩，戮力於確保學生學習成效，提升就業競爭力。為此，本校提出智慧3i，導入iClass學習平台輔助教學創新並完整記錄學習歷程，整合校務資料分析數據進行iSignal學習預警，最後透過iCan平台協助就業媒合、追蹤畢業流向並輔助招生策略的制定。

過去，校務研究常面臨各種問題：各單位資料難以串連，形成資料孤島；僅能以特定利害關係人角度分析資料，無法全面滿足；利害關係人被動接收相關訊息，難以深入探討資訊；書面圖表資訊呈現，資訊單一平面。本校透過整合化單位資料庫，於校務研究分析平台，提供關鍵議題資訊，校／院／系所／行政主管、教師、職員、學生等利害關係人可透過可視化、高互動的視覺化工具依需求查看訊息。

淡江大學智慧3i即秉持蒐集數據（Data）透過視覺化呈現（Dashboard）輔助決策（Decision），進行3D面向的校務資料分析，並以客製化儀表板，提供不同利害關係人所需關鍵資訊。以下針對淡江大學智慧3i進行介紹。

一、iClass：學習平台記錄學習歷程每一步

為提升教學質量，支持教學創新，本校導入新一代的數位學習平台iClass，強化教學互動、減輕教師備課負擔，並將教學與學習歷程完整記錄。圖5為本校應用iClass學習平台所記錄的數據建置iClass Dashboard，呈現全校、學院、單一系所及多系所的iClass教學與學習現況，除將平台數據視覺化呈現外，並提供預警訊號及趨勢分析對照。

圖5　iClass學習平台使用數據Dashboard（示意圖）

二、iSignal：先期預警營造學習輔導新模式

　　整合iClass學習平台資料、學生基本資料及學生歷程資料，建立資料倉儲，設計先期預警預測模式，於每學期第七週起提供課程預警及½預警訊息予導師、授課教師與學生。學習成績及學習動機預警，能有效掌握學習成效，精準規畫輔導策略，並整合導師系統呈現班級預警儀表板及學生個人預警燈號，完整記錄輔導歷程。

圖6　iSingal先期預警儀表板導師總覽雛型（示意圖）

三、iCan：三方合作打造智慧媒合新服務

　　人才媒合是解決就業問題重要的最後一哩環節，善用大數據力量，更是邁向智慧媒合的重要關鍵。如圖7所示，整合淡江大學學生在學資料及勞研所之勞保資料，建立學用資料倉儲，並應用School Insight平台開發視覺化工具（如圖8）。iCan透過視覺化分析大學生就業趨勢，找出影響就業力之關鍵要素，做為擬定課程改善策略之依據。

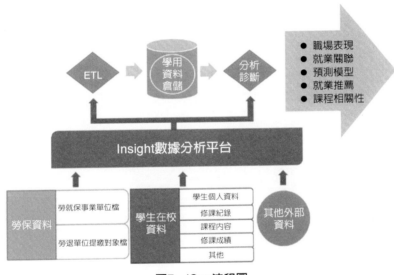

圖7　iCan流程圖

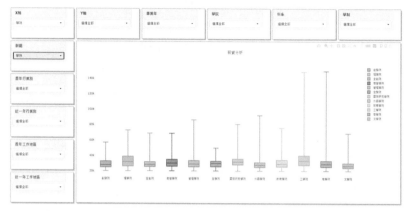

圖8　iCan畢業生流向：院系、薪資、行業、地點（示意圖）

　　除畢業生流向與就業表現外，iCan亦針對各項招生議題進行視覺化呈現。如圖9及圖10所示，透過視覺化的招生訊息，協助利害關係人針對招生狀況進行校、院與系所的分析，以利招生策略的訂定與調整。

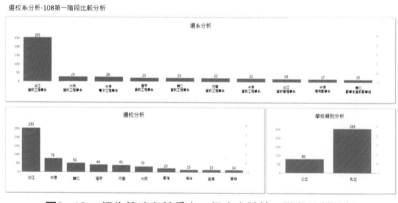

圖9　iCan招生策略與競爭力，個人申請第一階段比較分析

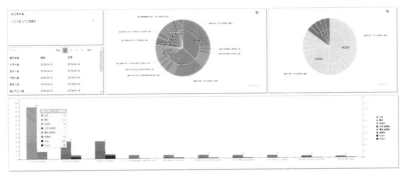

圖10 iCan各校面試、放榜時間與報到率分析（示意圖）

參、學用接軌 Yes「iCan」！

畢業生就業流向與薪資分析過去僅能仰賴各大學進行「大專校院畢業滿1年、滿3年及滿5年畢業生流向追蹤」調查，除了填答率不高之外，填答者所提供的資料準確性亦有待商榷。

透過勞動行政資料可準確掌握畢業生逐年的薪資與就業流向，並整合校務資料庫當中完整的學習歷程資料，將校務資料與勞動行政資料進行串聯，達到畢業生流向精準追蹤，更可整合學用資料進行學用分析。

為了進行總體資料的觀察，先將勞退提繳紀錄簡化，產生每位畢業生的首年及近一年資料，包括薪資平均，任職最久公司的行業別、規模及地點，再加上學生基本資料（不包含修課資料），利用School Insight平台製作了具「可視化」及「高互動性」二特點的就業情形及產業技能需求觀察工具。

一、畢業生視覺化就業分析

（一）薪資分析盒狀圖

　　本校所開發之薪資觀察工具，以盒狀圖（box-and-whisker plot, boxplot）呈現薪資結構之最大值、最小值、中位數、及高低標（上下四分位數）。盒狀圖是描述性統計圖示方法的一種，對於呈現某一變項的分布，或者是比較在不同組別中同一變項的分布有何差異十分有幫助（譚克平，2007）。一般盒狀圖須以統計軟體或文書處理軟體製作產生，若要變更X軸Y軸的值或是進行不同群組的交叉比對，均須耗費大量人力及時間，且無法即時呈現。

　　圖11為本校所製作之薪資分析盒狀圖，具有即時視覺化呈現資料之特性，透過X軸、Y軸及群組欄位之調整，可達到即時分群及交叉比對之效果。

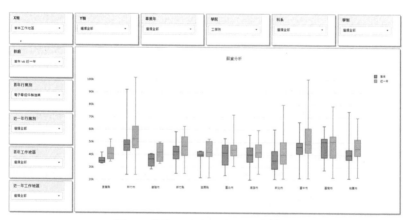

圖11　薪資分析盒狀圖（示意圖）

應用案例

Q：學院碩士畢業生起薪是否優於學士？

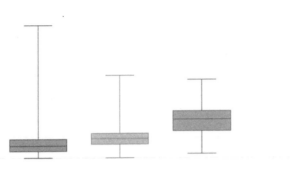

❖ 薪資表現

綜合觀察不同學制畢業生就業薪資表現，大致上與學歷成正比，呈現學歷越高薪資越高的情形。

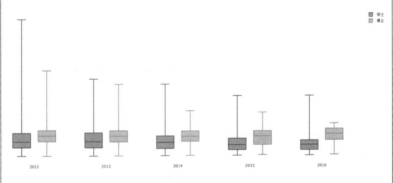

❖ 就業趨勢

以不同學制畢業生各年度就業起薪趨勢觀察，各年度學士畢業生首份工作薪資微幅下降；碩士畢業生除起薪下降幅度較低外，2016年畢業生起薪甚至呈現上升趨勢。

❖薪資成長率

觀察學院2012年度不同學制畢業生首年薪資與近一年薪資表現差異。

碩士畢業生除了起薪及後續薪資表現均高於學士畢業生外，碩士畢業生首年至近一年薪資成長幅度25%，亦高於學士20.4%的成長幅度。

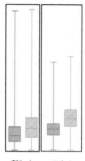

學士　碩士

　　綜合以上觀察，除了學歷與薪資表現成正比外。進一步探討各年度薪資趨勢，可看出碩士學歷相較於學士學歷，於起薪薪資具一定的支撐力及競爭力。碩士學歷畢業生，在就業薪資的發展方面，薪資提升幅度也高於學士學歷畢業生。

註：為保護本校畢業生就業資訊，案例呈現畫面將Y軸薪資金額
　　部分裁切處理。

（二）薪資分析氣泡圖

　　本校以氣泡圖呈現薪資結構。氣泡圖是帶有面積或圓等概念數據圖表中的一種，透過氣泡圖面積大小呈現不同薪資結構的人數及百分比，使用者可立即對照出各群組間的相對關係。

　　圖12的薪資分析氣泡圖，具有即時視覺化呈現資料之特性，透過X軸、薪資區間、資料型態及群組欄位之調整，可達到即時分群及交叉比對之效果。

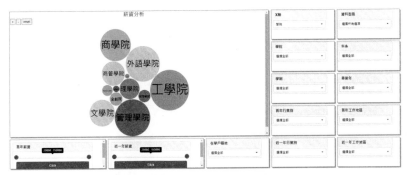

図12 薪資分析氣泡圖（示意圖）

應用案例

Q：某學院學士畢業生在哪些區域及產業有較好的就業表現？

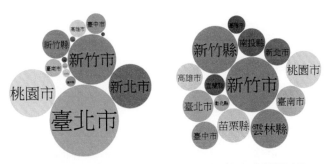

首年薪資高標人數　　　　首年薪資高標比例

❖ 高薪就業區域

觀察某學院畢業生各縣市首年薪資達高標就業情形。

以人數來看，首年薪資達高標以臺北市人數最多。但以比例觀察，則以在新竹市就業的畢業生，其首年薪資達到高標的比例最高。

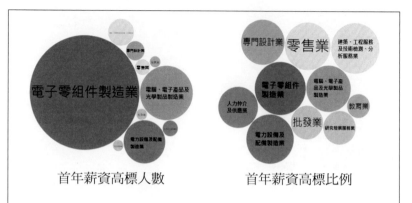

首年薪資高標人數　　　　首年薪資高標比例

❖高薪就業區域產業觀察

學院首年就業區域為新竹市且薪資達高標的畢業生，就業產業人數及比例都以電子零組件製造業最高。

　　綜合以上觀察，學院畢業生首年薪資高標的就業地區以臺北市最多，但薪資高標比例以新竹市最高。觀察新竹市薪資高標畢業生介業產業分佈，無論人數或是比例，均以電子零組件製造業最高。

　　可能原因為，新竹市是新竹科學園區所在地，科技廠提供較多且較高比例的高薪就業機會，吸引學院畢業生前往就業。

（三）就業穩定氣泡圖

　　「就業穩定氣泡圖」工具以氣泡圖（Bubble chart）呈現轉職現象。氣泡圖是帶有面積或圓等概念數據圖表中的一種，透過泡泡圖面積大小呈現不同轉職結構的人數及百分比，使用者可立即對照出各群組間的相對關係。

圖13為本校所製作之就業穩定泡泡圖，具有即時視覺化呈現資料之特性，透過X軸、領域、轉職次數、持續月數、群組欄位等之調整，可達到即時分群及交叉比對之效果。

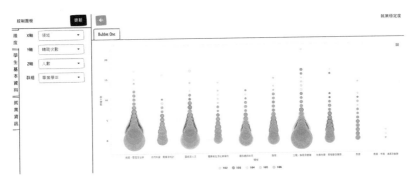

圖13　就業穩定氣泡圖（示意圖）

應用案例

Q：畢業生各產業的就業穩定度如何？

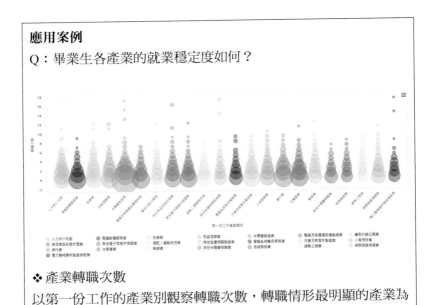

❖ **產業轉職次數**

以第一份工作的產業別觀察轉職次數，轉職情形最明顯的產業為人力仲介代徵。轉職次數最少的產業為半導體製造業。

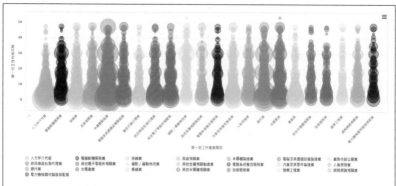

◎ 人力仲介代徵	◉ 電腦軟體服務業	◎ 旅館業
◎ 綜合商品批發代理業	◉ 其他電子零組件相關業	◎ 儲配 / 貨櫃物流業
◎ 銀行業	◎ 光電業	◎ 餐飲業
◎ 電力機械器材製造修配業		
◎ 百貨相關業	◎ 半導體製造業	◎ 電腦及週邊設備製造業	◎ 徵信行銷公關業
◎ 其他金屬相關製造業	◎ 電腦系統整合相關業	◎ 汽車及其零件製造業	◎ 人身保險業
◎ 其他半導體相關業	◎ 旅遊服務業	◎ 建築工程業	◎ 房地產業相關業

❖ 工作持續月數

除了人力仲介代徵產業，其他產業畢業生初入職場首份工作的轉職大多數發生於前三個月到一年內，若持續在職超過一年，下一階段轉職則可能發生於在職30個月也就是就業三年左右的時間，也有一部分的畢業生持續從事第一份工作並未轉職，從一而終的產業以半導體製造業人數最多。

綜合以上觀察，人力仲介代徵產業就職者可能因起薪不高，故轉職以得到更好薪資收入，其工作的持續月數也相較其他產業來得低。

半導體製造業的就職者可能因薪資收入較高故轉職意願較低，工作持續月數也較長。

（四）就業流向桑基圖

桑基圖（Sankey Diagram），是一種特定類型的流程圖，用於描述一組值到另一組值的流向。桑基圖由流量、節點、邊構成，通常應用於能源、材料成分、金融等資料視覺化分析。

本校以貨幣仲介業及半導體製造業製作圖14的就業流向桑基圖，可觀察畢業生單一產業就業穩定性，除動態呈現流向外，將游

標移至各點即可呈現包含轉職比例及持續工作時間，目標產業間轉職的情形與時間點。

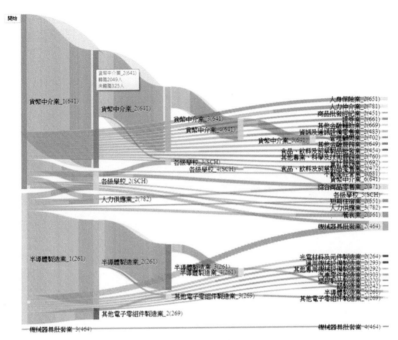

圖14　就業流向桑基圖

二、就業與課程關聯式分析

本校應用與傳統的關聯式規則稍有不同，一般的應用是將訂單或菜籃內的商品視為平等，以計算出購買或訂購某些商品組合時會有購買另一商品的規則。但本研究欲了解學生修業時的紀錄是否會影響到就業的結果，故將學生的修業紀錄視為規則的左邊屬性（Lhs, left hand side），可以稱為原因，而將就業成果視為規則的

右邊（Rhs, right hand side），也可視為結果。所以本研究將學生基本資料及修業紀錄串聯，組成每個學生的Lhs可能值（可以想像成訂單或菜籃），再將勞退提報薪資作首年及近一年的計算，製成Rhs。

會計實務講座, 公司治理專題, 租稅專題研討　⟶　　　首年薪資達到高標

Left hand side (lhs)　　　　　　　　Right hand side (rhs)

Support: 符合此規則的畢業生數
lhs_freq: 符合lhs條件的畢業生數
Confidence: Prob(rhs / lhs) = Support / lhs_freq

　　將5千多萬條的關聯式規則優化後仍有3千多萬條，如使用一般方法並不容易瀏覽，且使用條列的方式也不易看出關聯式規則間的關係，所以開發一種搜尋工具及兩種視覺化工具來改善此情況。

（一）關聯式規則搜尋引擎

　　圖15關聯式規則搜尋工具的原型下方是條列式的關聯式規則及其統計數字，上方目前有三個搜尋選項，包括「學院」、「選修科目」及「就業情形」，在選擇搜尋條件後會立即呈現符合條件的關聯式規則，並以Confidence的順序列出，目前搜尋工具只會列出Confidence最高的500筆資料，但使用者可依照lhs_freq及support重新排列搜尋結果。下圖呈現的是包含選修「類比積體電路設計」的規則，以此法可觀察不同的學習狀況可能產生的就業情形。

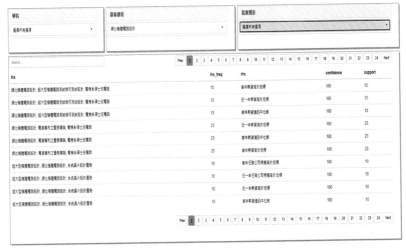

圖15　關聯式規則搜尋引擎（示意圖）

（二）關聯性網絡圖（Network diagram）

本工具利用網絡圖（Network diagram）呈現所示。圖16左邊是就業情形選項，只有在選擇兩項以上時才會開始繪製網絡圖。目前圖中所呈現的是「近一年薪資達到高標」及「近一年工作類別為產業勞工及交通公用事業之員工」。

圖17的網絡圖中共有三種節點，第一種為預設無邊框節點，代表的是Lhs，如下圖中編號1及57都是這種節點，當滑鼠移至節點時會出現邊框及所代表的意義，下圖節點1代表「無線感知網路」這門課；第二種節點為藍色節點，代表的是Rhs，例如節點42代表的是「近一年薪資達到高標」而節點0代表「近一年工作類別為產業勞工及交通公用事業之員工」；第三種是灰色節點，代表的是連結Lhs及Rhs的規則，例如圖18當中的節點79，當滑鼠移至此節點，會顯示其關聯式規則的support及confidence值。藉由觀察這些節點可了解不同就業情形中的相同及相異處。

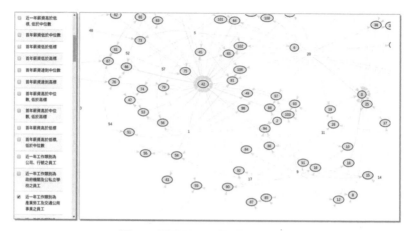

圖16　關聯性網絡圖（示意圖）

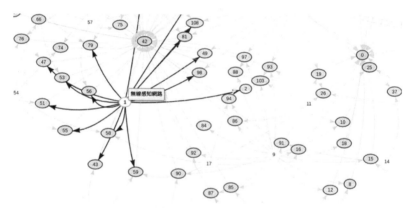

圖17　關聯性網絡圖節點邊框及代表意義

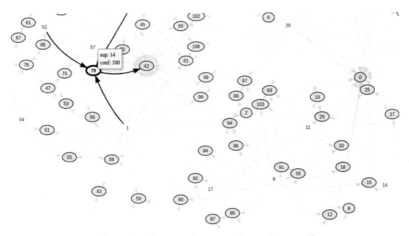

圖18　關聯式規則support及confidence值

（三）平行座標（Parallel coordinates）

　　另一個視覺化工具是平行座標（Parallel coordinates），平行座標圖有多個Y軸，可以把多變數的交互作用顯現在二維的平面圖上。運用這種圖形的特性，將前N-1個Y軸設成不同屬性類別的Lhs，也就是學生基本資料及修課狀況，藉以觀察對不同就業情形的相同相異處。

　　圖19及圖20兩張圖所呈現的關聯式規則與前文的網絡圖完全相同，但以平行座標圖為呈現方式。平行座標圖比網絡圖更容易觀察對就業情形的相同處，所呈現的是對「近一年薪資達到高標」及「近一年工作類別為產業勞工及交通公用事業之員工」都具有影響力的修習科目；但平行座標圖的缺點是無法像網絡圖一樣呈現support或confidence等統計數值。

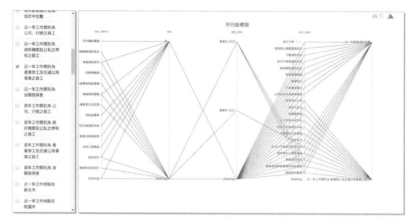

圖19　關連式平行座標圖（示意圖）

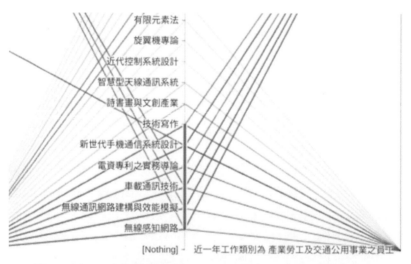

圖20　以平行座標圖觀察對不同就業情形具有影響力的修習科目

三、就業技能準備度

　　本校所分析的人力銀行職缺數量約17萬，其中包含薪資職缺數量約有12萬個，而超過4萬月薪職缺數量約有5萬個，原本擔心因為政令所限制的超過4萬元待遇不必揭露的問題，似乎不必太擔心，仍有約一半的超過4萬的職缺有被揭露。

　　就業所需技能方面，本校以文字探勘技術蒐集人力銀行職缺技能需求資訊，共有約25萬個關鍵字，經過工具及演算法過濾後，只剩約600個關鍵字，供以下技能搜尋引擎工具使用。

（一）技能搜尋引擎

　　圖21的技能搜尋引擎工具是利用產業及薪資（代表就業力）作為搜尋條件，以視覺化的方式列出符合的技能。

　　本工具以人力銀行產業類別進行產業分類，此圖紅色框可利用下拉式選單設定產業類別，藍色框可設定預期的薪資下限，而橘色框可設定氣泡的大小是依比例還是人數。下圖所呈現的是在無設定產業別的狀況下，月薪達三萬元的職缺中，所包含的技能職缺數前20名，所列出的技能大多數都是與英文及科技產業相關，尤其是資訊產業，推估此現象是因為目前幾乎所有產業皆需要資訊相關人才，而英文的部分則是因為中文分詞的結果效果不彰，故只列出英文結果。

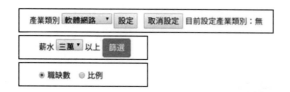

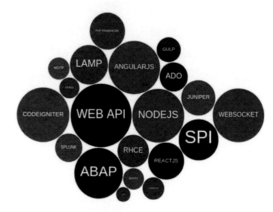

圖21　產業薪資技能搜尋工具

　　若我們想觀察在畢業生中最多人就職的產業類別「半導體業」中，薪資達六萬元職缺需要哪些技能的頻率最高，就與圖21呈現出不同的技能，雖然大多還是與資訊科技相關，但偏向硬體基礎的韌體設計，例如CODEC、Embedded Linux或Driver。

（二）技能競技場

　　技能競技場可以依求才市場所需，比較不同技能可以追求的薪資報酬，適合比較同質性較高的技能項目，例如Redis及Mongodb同屬NoSQL資料庫技術，而React及Angular則屬Web前端框架。雖然此工具可以填入任意技能進行分析，包含中文技能，但以下還是以以上所提及的技能作為分析範例。

以Redis及MongoDB為例，其呈現方式如圖22所示，其中藍色框可選擇呈現的是數量還是比例，而紅色框則可以選擇比較的技能名稱。數量的比較，以X軸之50000為例，其上方數字代表包含Redis的職缺數量，超過50000的81個，而MongoDB只有61個；圖23則以比例進行比較，以X軸之70000為例，其數字代表在所需技能為Redis的所有職缺中，有28.25%的職缺薪資超過70000，而MongoDB有22.41%的職缺超過70000。從下圖可觀察到，以同一薪資水準來說，雖然Redis市場的需求量比MongoDB要高，但覓得高薪的機率是MongoDB較高。

這些工具的應用場景，資方求才時，可找尋所需技能的人才，並訂定合理的薪酬；而教育界可以依照產業所需，將未納入的技能加入到課程中，以培育相關人才及吸引就讀；而求職或求學者則可依偏好產業及預期薪資決定所學技能，以符合產業市場需求。

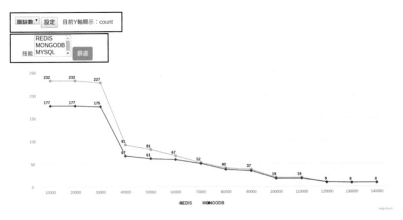

圖22　Redis vs MongoDB的職缺數量

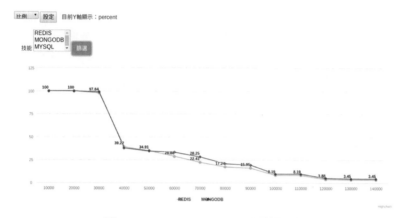

圖23　Redis vs MongoDB的職缺比例

肆、結語

一、從第一哩路到最後一哩路

　　在淡江大學資訊化的理念支持下，無論校務、教務、學務、教學，各資料庫皆存有大量可資利用的數據資料。大數據並不僅是關注資料量是否龐大，更重要的是能有效且正確的運用數據，並且能夠以簡明易懂的視覺化儀表板來呈現數據所代表的意義、回饋予相關單位，以有效提升決策品質。2012年開始，「大數據Big Data」成為這個備受矚目的新概念、新契機。大數據是從資料蒐集、清理、匯總和數據分析的結果上，來解讀資訊做為決策的參考，也是從資料驅動（Data Driven）到證據本位（Evidence based）的決策流程，取代以經驗為依歸的做法。在教育領域，教育工作者也要擁抱大數據來提升教學品質，從教學到教育行政，從微觀面到宏觀面，都有大數據可以著手之處。

　　由於學生學習成就的高低關係著社會的發展與國家的競爭力，

因此，學生學習成效（Student Success）是高等教育及社會大眾共同關心的議題。學生從進入大學殿堂直到畢業，在學校裡的學習成效如何？學生入學前、在學時及畢業後，學校在各階段可以提供哪些完善的資訊系統來幫助學生達成學習目標？這都是學校資訊化迫切需要提供的服務。

因應以上需求，本校提出「智慧3i & 3D」作為對策，透過大量的資料蒐集，進行數據分析，尋求線索、洞察關鍵因素以建立數據導向及證據本位的校務決策模式，並採取合適行動以確保學生的學習成效、提升學生的留校率、畢業率，以及學生未來的就業競爭力。3i是指iClass（學習管理平台）、iSignal（先期預警及表揚機制）與iCan（招生策略及智慧媒合）；而3D則是3i的內涵，包括Data（蒐集系統資料，進行數據分析）、Dashboard（透過儀表板清楚呈現數據訊息）以及Decision（以數據為導向，有效提升決策品質）。

從iClass到iSignal到iCan，從Data到Dashboard到Decision，未來將持續推動及改善，期盼在2020年能全面到位，順利地在校園裡面啟動，無論同仁、教師、學生，皆能即時掌握訊息，相信必能提供學生更具價值、更自信活潑而充滿學習生命力的學習環境，作育英才，許學生一個光明璀璨的未來！

圖24　智慧3i & 3D

二、就業智慧服務連結學用

　　人才媒合是解決就業問題最後一哩重要的環節，善用大數據力量，更是邁向智慧媒合的重要關鍵。以往就業媒合多採用人力導向的方式，雖然履歷及產業所需人才描述已數位化，但篩選的方式卻未見創新。求職者仍舊仰賴人力銀行提供職缺訊息，並且經常收到大量不符需求的求才資訊。公司企業的人資部門接收到大量的求職者履歷，亦僅為畢業科系等粗略資訊。但現今產業已進入分工更細緻的時代，單憑科系或履歷的內容已無法區分所需人才，應有智慧化或數據導向的方式，讓求職者及企業人資部門更能精準找到各自所需，而不是迷失在大量資料中。

　　根據勞動部107年15-29歲青年勞工就業狀況調查顯示，只有20.3%的青年勞工認為在校所學與目前工作能學以致用的程度高或很高，超過一半50.6%的青年勞工認為相符度普通，覺得低或很低者則有29.6%。

　　本校整合校務資料、學習及勞動歷程，除了透過視覺化分析了解畢業生的就業情形外，也可以作為精進課程設計及精準媒合的成效分析。就業需求方面，以人力銀行職缺資訊分析產業需求技能，並與學校課程資訊進行比對，一方面提供校方精進課程設計的資訊，以符合目前產業趨勢，進一步縮短學用落差；一方面可以提供產業及求職者精準媒合，以期更有效的各取所需。

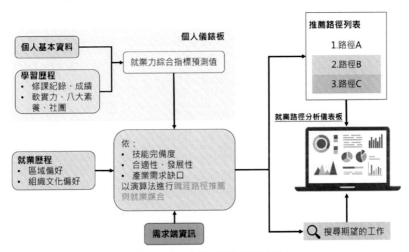

圖25　iCan學生就業智慧服務

探究翻轉教學成效與畢業生就業薪資表現之分析

靜宜大學教育研究所助理教授
范雅晴

靜宜大學校務顧問（通訊作者）
林家禎

靜宜大學校務研究辦公室研究助理
賴靖怡

壹、前言

　　為協助擬定有效的創新教學、學習策略及就業銜接與招生等策略，本校自105年起於學術副校長室下設置校務研究辦公室（Office of Institutional Research，以下簡稱IR辦公室），並在106年榮獲教育部補助「大學提升校務專業管理能力計畫」。同時，秉持天主教辦學精神，為實踐「以學生為中心」的教育理念，IR辦公室希冀透過「以學生為主體」之思維支持校務治理，透過蒐集學生常態性的質量化資料，逐步建置本校大數據資料庫「數據靜宜」，以多維度方式呈現本校學生在校四年縱貫性學習樣態DNA，並將研究結果回饋予各院系，實踐以塑造資料決策導向（Data-Driven Decision Making）的校務管理機制與目標。在107-108年間，IR辦公室已建立

多種橫斷性問卷，包括「大一學生基本資料與適應力」、「大二學習經驗」及「應屆畢業生回饋調查」。同時為能聚焦和透析當前重大議題，本校校務研究分析議題方向乃由IR辦公室主管引導，透過主管會議、教職員共識營等場合的定期報告，務實回饋學生學習狀況予各單位及教職同仁，以共同探討各方案推動的成效，進以研擬後續分析議題。本校截至目前為止已完成60件研究議題分析，在學習面向分析類型涵蓋學生來源及特質（入學管道、身份、縣市、選填因素、生源高中、高中學業等）、學習行為（學習風格、學習經驗、核心素養培力等）、學習問題困境（各系休退學情形、就學穩定率、弱勢學生、二一輔導）、實習（期待、成效）和就業類別與薪資議題，此外尚有創新教學與課程研發、專業學程、出國研修與就業等高教體系列正面對的鉅觀議題分析。近年，IR辦公室欲進一步強化各院系對校務研究議題分析結果之自我改善機制，同時建立與施測「大三學習投入問卷」，以了解學生於不同時期的學習歷程與輔導需求，進以提供校務發展更穩固的決策基礎。

由於，近二十餘年來臺灣的大學數量快速擴增，為能提升高等教育的品質，大學教師面臨創新課程設計與規劃和素養導向等教學模式的挑戰，如何調整以符應系上學生學習樣貌DNA的課程設計與教學策略是必須面對的議題。蘇建洲、湯堯（2010）指出在資訊相關院系應結合應用科技與管理技能的課程內容規畫以增進學生職場的競爭力。Wang（2003）指出，教育品質的高低包含教育目標的達成程度，此將涉及高等教育機構所提供的課程、教學和學生能力之發展。蘇建洲、湯堯（2010）研究發現大學課程與教學設計與學生學業能力發展具有顯著因果關係。有鑑於此，本校資訊學院於102學年度開始實施「程式榮譽班」的創新教學與課程規劃，以及高階專業證照考取之獎勵機制，期使實施創新教學、課程規劃與證照對於學生學習與就業具有高度加值性與連結性以能翻轉高學歷和高失業率之現象。另外，資訊學院亦於103學年度起開始推動「程

式設計（Computer Programming）」4學分課程改造計畫，資訊學院中的三個系，包含資訊管理學系、資訊工程學系與資訊傳播工程學系之大一程式設計課程統一調整為「階梯翻轉課程（Step-flipped Course）」型態。過去一學期十八週2學分的課程，改為以九週為單位的1學分課程。本研究欲針對程式設計階梯翻轉課程之學習成效進行分析，探究階梯翻轉式的課程設計是否能有效提升整體之學生程式設計能力與就業薪資表現。

　　培育優質人才為高等教育機構的重責大任之一，且應對學生就業負責。依據Cheers雜誌公布的2008年最佳大學指南中指出，全國155所大專院校長中有90%的校長皆認為大學教育該為學生就業問題負責（秦夢群、莊清寶，2010）。依據勞動部（2019）108年1月統計結果指出，近5年畢業生平均薪資來看以「物理、化學、地科學門」月薪最高，依次為「法律學門」、「醫藥衛生學門」、「工程及工程業學門」、「資訊通訊科技學門」，其中「資訊通訊科技學門」其勞退提繳推算月薪39,120元。李隆盛、李信達、陳淑貞（2010）研究指出，證照不僅能展現個人在職場的競爭力，在就業市場也是品質的保證機制亦是資歷管控的措施。其中提及104人力銀行教育網（2009）調查發現，有六成以上的企業認為持有證照的員工績效相對較好。張翔一（2011）亦認為在臺灣若持有證照能增加學生的就業機會。另外，吳明錭、李隆盛（2011）探討證照對企管類科系畢業生就業之效益，研究結果指出，證照與第一年全職就業間具有統計顯著性，且屬低度正相關性，若分別就不同大學體制來看，發現公立學校畢業生持有證照與第一年全職就業並未有關連。因此，要取得全職就業工作的機會，以私立學校企管類科系畢業生對證照的依賴性高於公立學校企管類科系畢業生。綜上所述，部分研究結果支持證照與就業力之間具有相關性，並認為證照是影響就業力的差異性因素。但各學門專業性不同，謀職場所與證照的就業價值不同。另外，資訊相關證照種類繁多且品質不一，因此，

本研究欲探討本校資訊學院學生，包括資管系、資工系、資傳系之畢業生其持有不同專業證照等級對全職就業的影響情形。

影響學生學習與就業的因素有很多，田弘華、田芳華（2008）探討影響大學畢業生繼續升學、就業和失業的問題。其研究運用臺灣高等教育資料庫大學畢業生問卷調查資料分析發現，升學與就業相比，當其他變項條件相同時，則男女有別，男性繼續升學的機率較高；父母教育程度高者，其子女升學機率較大；修習輔系者傾向於就業；一般公立大學畢業生升學的機率較私立大學為高；學業成績高者傾向於繼續升學，而成績較低者傾向就業，與修習商學者相比，理科和工科的畢業生升學機率較高；具備工讀經驗者順利就業之機會較高。一般大學畢業生擁有職業證照者傾向於就業，但是否擁有職業證照對於技職院校生升學或就業之影響並不明顯。另外，就業與失業相比，在其他變項條件相同情況下，發現男性失業機率較高；修輔系者之就業機率較高，但是否雙主修並無影響；一般大學之公立學校畢業生失業機率比私立學校來得高，但技職院校之公私立別無顯著差異；擁有職業證照的一般大學畢業生失業機率較低，但技術證照擁有與否對技職校院者並無差異。蕭家純（2009）以「臺灣高等教育資料庫」所釋出的「92學年度大三學生問卷調查」以及「93學年度大專畢業生畢業後一年問卷調查」共992位學生為研究樣本進行分析，為了解家庭社經地位、自我概念、學業表現等因素對於就業情形的直接影響，以及家庭社經地位透過自我概念與學業表現兩中介變項對於就業情形所造成的間接影響。研究分析顯示，家庭社經地位對自我概念、就業情形；自我概念對學業表現；與學業表現對就業情形皆有顯著影響。秦夢群、莊清寶（2011）研究探討大專生求學經歷與就業力關係，以高等教育資料庫94學年度大學畢業後一年問卷調查資料經過結構方程式分析後發現，就業力內涵包含一般能力、專業知能、專業態度與職涯規劃。另外，「校系課程」（0.34）與「課外經歷」（0.19）對其就業力

有顯著的直接預測效果。且同時「校系課程」可透過「課外經歷」對就業力產生間接效果（0.18）。「校系課程」則包含主修科系、輔系雙修、畢業學校通識教育，其中輔系雙修對就業力的總效果量最大（0.47）。而「課外經歷」則包含證照、遊學經驗、社團經驗和工作經驗，其中以遊學經驗（0.16）對就業力影響最大，其次是證照與社團經驗（0.15）。研究結果建議應提供多項有效協助學生提升其就業力之措施，包括鼓勵學生修習雙主修、學程、輔系及通識課程，參與遊學、社團活動、考取證照與實習機會。

　　隨著資訊科技的快速發展與成熟，使得資訊相關產業的員工和學生必須不斷面對工作職場需求變化與專業知能的精進。本校對於提升學生在就業市場的競爭力相當重視，然而，如何在就業市場與眾多條件相當的競爭者中脫穎而出？如何增進資訊學院學生的學習效益與取得專業證照對就業的影響效益皆為本校院系關注的焦點。由相關研究文獻分析結果可以發現，影響畢業生就業薪資的因素甚多，然而，變項間的關聯性為何？變項間又如何影響？為能釐清影響學生就業薪資發展的重要因素，此將有助於學校行政作為和學術院系單位於課程中安排有效的教學策略與課程活動來提升學生的就業力。本研究的研究對象為本校資訊學院102學年度入學與105學年度畢業以及103學年度入學與106學年度畢業學生，包括資訊管理學系、資訊工程學系與資訊傳播工程學系，透過畢業生流向追蹤滿一年問卷等資料，排除未填答等無效樣本，以探究資訊學院學生在校時期修習程式榮譽班、程式設計階梯翻轉創新教學課程、雙主修、專業學程與考取各式專業證照之學習成效分析。另外，採用卡方檢定探討畢業生持有證照與其全職就業薪資是否具有差異。

研究目的與待答問題

　　本研究目的在於了解資訊管理學院中各系大學生在校修習程式設計階梯翻轉創新教學課程、程式榮譽班雙主修、專業學程與考取

各式專業證照之學習表現。以及探討大學生畢業屆滿一年時證照對就業薪資發展的影響情形。基於上述之研究動機與目的，本研究待答問題為以下兩項：

一、資訊學院105和106學年度畢業的各系學生其在校學習成效（雙主修、專業學程、程式榮譽班與程式設計階梯翻轉課程）之學習成效為何？

二、資訊學院105和106學年度畢業的各系畢業生之就業薪資表現為何？（專業證照持有與否與不同工作型態包含全職、兼職之間分布是否有差異？持有不同等級專業證照和全職工作薪資所得是否有差異？修習不同學程數與全職工作薪資所得是否有差異？主要就業類別與平均全職工作薪資分布情形為何？）

貳、靜宜大學資訊學院學生學習成效分析

本校105、106學年度資訊學院畢業學生在校學習現況與翻轉課程，含程式榮譽班、程式設計階梯翻轉教學及證照學習成效分析，由表1分析可以發現，105學年度資管系畢業生在校修讀兩個（含以上）專業學程的人數有23人（22.33%），修讀一個專業學程的有14人（13.59%），無修讀專業學程人數有66人（64.08%），有修讀雙主修的人數較少，僅有2人（1.94%）。105學年度資工系畢業生在校修讀兩個（含以上）專業學程的人數有52人（59.77%），修讀一個專業學程的有17人（19.54%），無修讀專業學程人數有18人（20.69%）。105學年度資傳系畢業生在校修讀兩個（含以上）專業學程的人數有23人（26.14%），修讀一個專業學程的有6人（6.82%），無修讀專業學程人數有59人（67.05%）。

而106學年度資管系畢業生在校修讀兩個（含以上）專業學程

的人數有30人（28.30%），修讀一個專業學程的有13人（12.26%），無修讀專業學程人數有63人（59.43%）。106學年度資工系畢業生在校修讀兩個（含以上）專業學程的人數有35人（40.23%），修讀一個專業學程的有30人（34.48%），無修讀專業學程人數有22人（25.29%）。106學年度資傳系畢業生在校修讀兩個（含以上）專業學程的人數有7人（7.22%），修讀一個專業學程的有31人（31.96%），無修讀專業學程人數有59人（60.82%），其中有3位學生修讀雙主修。

整體而言，兩個學年度資訊學院畢業生在學期間以資工系修習兩個（含以上）專業學程的人數比例較高（50.00%），修習一個（27.01%）和無修習（22.99%）專業學程人數比例均較低。特別的是，資管系與資傳系無修習專業學程人數比例較高（資管系61.72%；

表1　資訊學院105和106學年畢業生在校學習成效（N=568）

大學部學生	系別	修讀專業學程人數（%）			雙主修人數（%）	
		兩個（含以上）學程（%）	一個學程（%）	無修習（%）	是（%）	否（%）
105學年畢業生	資管系（N=103）	23（22.33%）	14（13.59%）	66（64.08%）	2（1.94%）	101（98.06%）
	資工系（N=87）	52（59.77%）	17（19.54%）	18（20.69%）	0（0%）	87（100%）
	資傳系（N=88）	23（26.14%）	6（6.82%）	59（67.05%）	0（0%）	88（100%）
106學年畢業生	資管系（N=106）	30（28.30%）	13（12.26%）	63（59.43%）	0（0%）	106（100%）
	資工系（N=87）	35（40.23%）	30（34.48%）	22（25.29%）	0（0%）	87（100%）
	資傳系（N=97）	7（7.22%）	31（31.96%）	59（60.82%）	3（3.09%）	94（96.91%）
資院整體畢業學生	資管系（N=209）	53（25.36%）	27（12.92%）	129（61.72%）	2（0.96%）	207（99.04%）
	資工系（N=174）	87（50.00%）	47（27.01%）	40（22.99%）	0（0%）	174（100%）
	資傳系（N=185）	30（16.22%）	37（20.00%）	118（63.78%）	3（1.62%）	182（98.38%）

資傳系63.78%），修習兩個（含以上）專業學程與一個專業學程人數比例均較低。而從雙主修人數來看，以資傳系（1.62%）的比例高於資管系（0.96%），特別的是，資工系皆無人雙主修（0%）。

程式榮譽班自102學年度起，從資訊學院大一學生中召募約40位同學成立「程式榮譽班」，除了深化學生程式設計專業學習能力之外，也將強化學生主動學習以及正向思考之積極態度，希冀此正向能量能擴散影響至全院學生。拔尖班主要目標為鼓勵此班的學生參加全國與校外各項競賽、考取專業相關證照以及進入企業實習或執行企業實務專題。

下表2為資訊學院各系畢業生修習程式榮譽班的人數與繼續升學的卡方檢定分析，由表2可以得知，資管系學生修習程式榮譽班與否與升學之間無顯著差異（$\chi^2 = 2.074, p > 0.05$）。資工系畢業生修習程式榮譽班和升學之間具顯著差異（$\chi^2 = 7.303, p < 0.01$），資傳系畢業生修習程式榮譽班和升學之間亦具有顯著差異（$\chi^2 = 3.898, p < 0.05$）。

另外，從「程式設計階梯翻轉教學」創新課程研究發現，資訊學院中，103年入學學生完成程式設計課程單元人數比例為78%。因尚未完成程式設計課程單元將被擋修下一階段大二上的「資料結

表2　資訊學院各系學生升學與修習程式榮譽班之分析

系所	程式榮譽班人數（％）註1	升學情況		χ^2
		有升學	無升學	
資管系（N=209）	有修習	10（4.8%）	27（12.9%）	2.074
	無修習	29（13.9%）	143（68.4%）	
資工系（N=174）	有修習	15（8.6%）	17（9.8%）	7.303**
	無修習	33（19.0%）	109（62.6%）	
資傳系（N=185）	有修習	5（2.7%）	11（5.9%）	3.898*
	無修習	22（11.9%）	147（79.5%）	
三系學生（N=568）	有修習	30（5.3%）	55（9.7%）	14.359**
	無修習	84（14.8%）	399（70.2%）	

註1 程式榮譽班修習與否的人數／該系總學生人數（%）
** $p < .01$, * $p < .05$

構」必修課程，有22%的大三學生在大三上學期結束，仍未能順利修習大二的必修課；45%的大二學生在大二上學期結束，未能順利修習大二的必修課，22%未完成修課的學習狀況與困難處需要進一步了解。從學生回饋問卷發現，學生對「授課教師的專業與本課程相符合」、「授課教師能完整且即時解答課程問題」、「教師授課內容與本課程相符合」、「教學助理的專業與本課程相符合」皆有高達80%的非常同意和同意的回饋意見。針對「學習環境」部分，學生對「上課場域（教室）符合本課程需要」、「本課程需要的相關電腦設備數量足夠」、「本課程需要的相關應用軟體數量足夠」、「學校提供的應用軟體功能足夠上課所需要」、「有足夠的設備及軟體可以在課後練習使用」皆有高達90%的非常同意或同意的意見。學生非常認同「課程目標及難易度安排合乎分級進階教學的意義」、「課程分級進階教學的方式對我的學習有幫助」，亦即，「程式設計階梯翻轉教學」課程設計獲得學生認同，因此，「程式設計階梯翻轉教學」課程可進一步推廣。

參、靜宜大學資訊學院畢業生就業表現分析

一、專業證照持有與否與不同工作型態差異分析

本研究所定義的「高階專業證照」為能展現資訊學院學生專業知能的高階與中階證照，包括各種專業軟硬體的證照，例如：辦公室軟體應用、資料庫應用、程式設計、美工設計多媒體類、管理顧問類、網路通訊類、民間機構認證軟體等。其中屬於高階的證照，例如：Oracle Database 10g/11g Administrator Certified Professional（OCP）、Cisco Certified Network Professional（CCNP）、SAP Certified Business Associate with SAP ERP（SAP TERP原廠認證）、Certified Ethical Hacker、RHCA（Red Hat Certified Architect）、RHCE

（Red Hat Certified Engineer）。屬於中階的證照包含CPE、TQC⁺平面設計專業人員、TQC⁺ Flash動畫設計專業人員、TQC⁺多媒體網頁設計專業人員、TQC⁺ Windows Mobile行動裝置程式設計專業人員、TQC⁺ Java程式設計專業人員、TQC⁺ Android行動裝置程式設計專業人員、TQC⁺ Android行動裝置進階程式設計專業人員、Oracle Database 10g/11g Administrator Certified Associate (OCA)、Cisco Certified Network Associate (CCNA)、ITE專業人員網路應用類、ITE專業人員數位內容類、進階ERP規劃師（分為：財務管理／運籌管理／人力資源管理）、ERP 軟體應用師（分為：財務模組／配銷模組／生管製造模組）、BI規劃師、數位邏輯設計專業級（乙級）能力認證、單晶片能力認證專業級乙級、電路板設計能力認證實用級、VMware Certified Profession5-Data Center Virtualization、RHCSA (Red Hat Certified System Administrator)、RHCVA (Red Hat Certified virtualization Administrator)、Microsoft Technology Associate。

本研究所定義的「一般專業證照」則包含簡易的專業證照,有TQC Word進階級、TQC PowerPoint進階級、TQC Excel進階級、TQC Photoshop進階級、TQC Dreamweaver進階級、TQC Flash進階級、TQC HTML進階級、TQC電子商務概論進階級、TQC PHP進階級、TQC JAVA進階級、Adobe Certified Associate (ACA)、Oracle Certified Associate, Java SE5/SE6/SE7、Oracle Certified Professional, Java SE5/SE6/SE7 Programmer (OCJP)、Oracle Database: SQL Certified Expert (OCE)、Oracle Certified Associate, MySQL 5、ERP規劃師、數位邏輯設計實用級（丙級）能力認證、單晶片能力認證實用級（丙級）。另外,將依據上述各種專業證照區分為7大種類證照型態,詳細說明如下:

(一) 辦公室軟體應用類

TQC word、Excel、PowerPoint皆屬於辦公軟體應用類,是中華

民國電腦技能基金會（Computer Skills Foundation，CSF）舉辦的證照，為本校大一資院學生電腦課必修之檢定考試，檢定分為（實用級、進階級、專業級），進階級在資院證照分類屬於簡易證照。

（二）資料庫應用類

Oracle是全球最大的資料庫公司，是全球最大企業資源計畫（ERP）廠商之一，也是全球資訊管理軟體先驅公司。OCE資料庫是SQL專家證書，具備關聯式資料庫的觀念，並運用SQL語法來完成查詢或處理存在於資料庫中的龐大資料，OCA是Oracle認證的入門階級，通過認證者已經具備管理、開發Oracle相關系統的能力。OCP認證是檢驗Oracle專家技術的試金石，通過認證者證明其擁有管理或開發大型、企業級Oracle相關系統的專業能力，也是企業主選擇Oracle系統管理者或開發者的重要指標之一。（引自UCOM恆逸教育訓練中心，2018）

（三）程式設計類

程式設計類別主要是以TQC企業人才技能認證為主，多為資管系學生專業證照考照範疇。企業人才技能認證（TQC）是財團法人中華民國電腦技能基金會針對企業用才需求，所提出來的一項整合性認證。這項認證是經過詳細調查、分析各職務工作需求，確認從事該項職務應具備哪些電腦技能，再對所有電腦技能測驗項目重新歸類整合而成。不但能讓有志於從事Java程式設計相關職務的人員掌握學習的方向，對求才企業也提供了更快速、更客觀、更簡化的人才甄選程序。（引自TQC企業人才技能認證網，2017）

（四）美工設計多媒體類

美工設計多媒體證照多為資傳系學生專業證照考照範疇，屬於中等程度的證照。企業人才技能認證（TQC）是財團法人中華民國電腦技能基金會針對企業用才需求，所提出來的一項整合性認證。106年度ITE資訊專業人員鑑定新增經濟部產業人才能力鑑定採認，列入經濟部產業人才能力鑑定體系。

（五）管理顧問類

本類證照多為資管系學生專業證照考照範疇，EPR規劃師、TQC Dreamweaver與TQC電子商務概論為簡易級，EPR軟體應用師、進階EPR規劃師與BI規劃師為中等證照。ERP規劃師為中小企業在導入過程的專案團隊所需要的人才。在小企業內參與或主導企業流程、電子化、應用系統架構的設計與再造，將ERP系統導入專案的規劃與實施等角色。ERP軟體應用師為企業在導入ERP系統後所需要的人才。其扮演企業內部不同的功能部門均有其對應的系統功能操作與諮詢的角色，因而產生相關ERP職能人才的需求；分為配銷、財務、生管三模組認證。BI規劃師為企業在導入BI系統後，為企業內部系統功能操作與諮詢的需求人才。進階ERP規劃師為財務管理認證、運籌管理認證與人力資源管理認證三種類別。TQC-Dreamweaver與電子商務概論是由財團法人中華民國電腦技能基金會所規劃的電腦技能認證。（引自中華民國電腦技能基金會，2020）

（六）網路通訊類

　　網路通訊類主要以網絡安全、網路系統與IP為相關專業知識證照，多為資工系學生專業證照考照範疇，其中以Cisao（思科）與ITE為主。Cisco Certified Network Associate（CCNA）證照在網路環境中運用Cisco設備所需的基礎知識，有能力運用以下協定：IP, IGRP, Serial, Frame Relay, IP RIP, VLANs, RIP, Ethernet, Access Lists，以建置維護中小企業所需的網路環境（100個以下的網點）。包括網路安全、Converged networks、Quality of Service（QoS）、VPN與寬頻技術。Information Technology Expert（ITE）106年度ITE資訊專業人員鑑定新增項網路通訊專業人員，列入經濟部產業人才能力鑑定體系。Certified Ethical Hacker（CEH）駭客攻防是資訊安全領域中，最引人注意的部分，CEH就是學習如何面對並防範駭客的攻擊行為，了解病毒、木馬或蠕蟲入侵行為，更要培養駭客的攻防技巧。（引自UCOM恆逸教育訓練中心，2017）

（七）民間機構認證軟體

　　主要是由政府認證之民間機構辦理考證，分別由RedHat（紅帽）檢測RHCA與RHCE認證、VMware檢測虛擬化專業技術、Adobe檢測ACA認證考試、Microsoft微軟公司檢測電腦相關認證、臺灣嵌入式暨單晶片系統發展協會（TEMDI）與臺灣國際計算機器程式競賽暨檢定學會（CPE）檢定大學程式認證，證照涵蓋簡易、中等與困難級別證照，多為資院（資管、資工、資傳系）學生專業證照考照範疇。

　　為了解資訊學院105和106學年度畢業生在學時期考取專業證照情況和就業情形，本研究以卡方檢定探究持有專業證照與否與不同

就業型態（全職或兼職）間是否有相關性，詳如下表3所示。資訊學院105與106學年度各系畢業生持有證照比例平均為64.61%，其中以資管系畢業生持有證照比例最高為78%，次之為資傳系62.7%，資工系為50.6%。特別的是，105學年度資傳系畢業生持有證照人數比例為86.4%為三系居冠之地位，但在106學年度畢業生持有證照人數比例卻降為41.2%，相反的是，全職就業比例卻較前一學年度畢業生多。本研究建議未來應將專業證照細分為高階、中階和一般等級專業證照探討是否與不同就業型態間具差異情形，並將研究結果回饋予系上，以深入了解其差異所在。

另外，資訊學院各系畢業生持有專業證照與不同就業型態的卡方檢定分析，可以得知，105學年度資訊學院畢業生持有證照與否與不同就業型態之間無顯著差異（$\chi^2 = 0.005$, $p > 0.05$）。而106學年度資訊學院畢業生持有專業證照與否與不同就業型態之間具顯著差異（$\chi^2 = 4.014$, $p < 0.05$），整體而言，兩學年度資訊學院畢業生持有專業證照與否與不同就業型態之間無顯著差異（$\chi^2 = 1.451$, $p > 0.05$）。本研究發現與吳明銅、李隆盛（2011）、張翔一（2011）與李隆盛、李信達、陳淑貞（2010）的研究結果有一致的發現，吳明銅、李隆盛（2011）指出企管類科系畢業生持有證照與第一年全職就業間具有低度正相關性。張翔一（2011）亦認為在臺灣若持有證照能增加學生的就業機會。李隆盛、李信達、陳淑貞（2010）主張證照不僅能展現個人在職場的競爭力，在就業市場也是品質的保證機制。因此，本研究推論，由於106學年度畢業生為畢業剛滿一年，換句話說，職場主管多以是否持有專業證照來預測社會新鮮人的工作能力。然而，105學年度畢業生已畢業滿兩年以上，其在職場上會有更多經驗，轉職的工作與在校取得專業證照與否的關係相對較弱。

表3 資訊學院學生105和106學年度畢業生持有專業證照
與不同就業型態分析

大學部學生	系別	持有專業證照人數		工作型態			χ^2
		有（％）	無（％）	全職（％）[註2]	兼職（％）	無資料（％）	
105學年畢業	資管系（N=103）	85 (82.5%)	18 (17.5%)	54 (52.4%)	14 (13.6%)	35 (34%)	0.005
	資工系（N=87）	54 (62.1%)	33 (37.9%)	46 (52.9%)	14 (16.1%)	27 (31%)	
	資傳系（N=88）	76 (86.4%)	12 (13.6%)	38 (43.2%)	17 (19.3%)	33 (37.5%)	
106學年畢業	資管系（N=106）	78 (73.6%)	28 (26.4%)	38 (35.8%)	8 (7.5%)	60 (56.6%)	4.014*
	資工系（N=87）	34 (39.1%)	53 (60.9%)	27 (31%)	13 (14.9%)	47 (54%)	
	資傳系（N=97）	40 (41.2%)	57 (58.8%)	48 (49.5%)	11 (11.3%)	38 (39.2%)	
整體學生	資管系（N=209）	163 (78%)	46 (22%)	92 (44%)	22 (10.5%)	95 (45.5%)	1.451
	資工系（N=174）	88 (50.6%)	86 (49.4%)	73 (42%)	27 (15.5%)	74 (42.5%)	
	資傳系（N=185）	116 (62.7%)	69 (37.3%)	86 (46.5%)	28 (15.1%)	71 (38.4%)	
總計	568	367	201	251	77	240	

*$p < .05$
[註2]依據勞動部對於全職工作的最低基本工資規定，以每月薪資至少22,000元為基準。

二、持有不同等級專業證照與全職工作薪資表現分析

　　為了解學生畢業後一年的就業薪資所得是否和修習專業學程、雙主修與持有不同等級之專業證照等因素具相關性，同時，依據勞動部對於全職工作的最低基本工資規定，107年每月為22,000元，每小時基本工資140元；108年為每月至少23,100元，每小時基本工資150元。本研究所蒐集的月薪所得是參採107年底數據，因此，我們辨識全職工作與否均以每月薪資至少22,000元為基準，以每增加5,000元為一級距，從高到低的薪資級距分為A～F六個級距。經卡方檢定分析發現，由表4可以得知，資管系（$\chi^2 = 19.07, p < 0.05$）與資

傳系（$\chi^2 = 33.32, p < 0.01$）畢業生薪資與不同專業等級證照之間具有顯著差異。然而，資工系畢業1年學生的薪資與證照之間無顯著差異（$\chi^2 = 1.83, p > 0.05$）。

表4　證照持有與全職工作的薪資級距差異分析

學系	證照	全職工作（人數與比例）						χ^2
		薪資A	薪資B	薪資C	薪資D	薪資E	薪資F[註3]	
資管	高階 （N=38）	0 (0%)	1 (2.6%)	1 (2.6%)	8 (21.1%)	15 (39.5%)	13 (34.2%)	19.07*
	一般 （N=42）	1 (2.4%)	0 (0%)	1 (2.4%)	1 (2.4%)	22 (52.4%)	17 (40.5%)	
	無 （N=12）	0 (0%)	0 (0%)	0 (0%)	0 (0%)	8 (66.7%)	4 (33.3%)	
資工	高階 （N=5）	0 (0%)	0 (0%)	0 (0%)	1 (20%)	2 (40%)	2 (40%)	1.83
	一般 （N=40）	0 (0%)	0 (0%)	1 (2.5%)	6 (15%)	17 (42.5%)	16 (40%)	
	無 （N=28）	0 (0%)	0 (0%)	2 (7.1%)	4 (14.3%)	12 (42.9%)	10 (35.7%)	
資傳	高階 （N=2）	0 (0%)	1 (50%)	0 (0%)	1 (50%)	0 (0%)	0 (0%)	33.32**
	一般 （N=57）	0 (0%)	0 (0%)	5 (8.8%)	7 (12.3%)	16 (28.1%)	29 (50.9%)	
	無 （N=27）	0 (0%)	0 (0%)	2 (7.4%)	5 (18.5%)	9 (33.3%)	11 (40.7%)	

註3：薪資從高到低，以5000元為一級距呈現，以政府公告基本薪資起算。
**$p < .01$, *$p < .05$

但由先前表2分析可以得知，資工系畢業生升學與否和修習程式榮譽班之間具顯著差異，另外，資工系有修習程式榮譽班的學生有升學的比例（8.6%）高於資管系（4.8%）與資傳系（2.7%）。因此，本研究推論，本校資訊學院拔尖程式榮譽班具有顯著成效，換句話說，資工系有修習程式榮譽班的畢業生流向多為升學研究所。然而，畢業即想要就業的畢業生傾向不修習程式榮譽班而全職就業的研究結果即獲得支持。

三、修習不同學程數與全職工作薪資所得分析

　　為了解學生修習專業學程與否和畢業後一年的就業薪資所得之相關性，由表5卡方檢定可以發現，各系修讀兩個（含以上）、一個學程或是無修習，對於薪資之間並無顯著相關，資管系（$\chi^2 =$ 13.175, $p > 0.05$）；資工系（$\chi^2 =4.534, p > 0.05$）；資傳系（$\chi^2 =5.485, p > 0.05$）。其中資管系有1位畢業生其薪資級距為A者有修習一個專業學程，但多數畢業生薪資級距在D~F，且大多無修讀專業學程。資工系多數畢業生和資管系畢業生一樣，薪資級距多在D~F，且大多有修習兩個（含以上）專業學程。資傳系多數畢業生薪資級距皆在D~F，且大多無修讀專業學程。修習專業學程與薪資級距分布表現分析結果如下表5說明。

　　同時，本研究結果可以發現，在校修讀專業學程數的多寡與全職就業薪資無顯著相關，此與秦夢群、莊清寶（2011）指出大專生求學經歷與就業力之關係研究不同，其認為「校系課程」（0.34）與「課外經歷」（0.19）對大專生就業力有顯著的直接預測效果，同時「校系課程」可透過「課外經歷」對就業力產生間接效果（0.18）。「校系課程」則包含主修科系、輔系雙修、畢業學校通識教育，其中輔系雙修對就業力的總效果量最大（0.47）。有鑑於本校資訊學院科系屬性為學業負荷較重，因此修讀輔系或雙主修人數比例不高，另外，院內一般課程和專業學程皆著重學生資訊力的培力，其最大不同在於深度與廣度，一般系上課程的教學內容廣度大，專業學程深度深。然而，本研究也未蒐集與分析畢業生課外經歷與學校通識教育，未來可進一步蒐集與分析以確認和推論校系課程與課外經歷對薪資的影響情形。

表5 資訊學院學生在校修讀不同專業學程數與全職就業薪資分布情形
（修習人次）

學系	修讀專業學程	薪資A	薪資B	薪資C	薪資D	薪資E	薪資F	χ^2
資管	兩個（含以上）	0	0	2	1	16	9	
	一個	1	0	0	2	7	5	13.175
	無修習	0	1	0	6	22	20	
資工	兩個（含以上）	0	0	1	7	18	19	
	一個	0	0	1	3	11	8	4.534
	無修習	0	0	1	1	2	1	
資傳	兩個（含以上）	0	0	0	3	4	9	
	一個	0	0	1	3	4	11	5.485
	無修習	0	1	6	7	17	20	

四、主要就業類別與平均全職工作薪資分析

本校105、106學年度資訊學院畢業生工作職業類別和薪資分布現況由下圖1可以發現，從全職工作類別來看，資訊學院畢業生多數從事「出版、影音製作、傳播及資通訊服務業」，其次為「教育業」和「製造業」等。從平均薪資面向來看，以從事「金融及保險業」、「不動產業」「醫療保健及社會工作服務業」、「教育業」平均薪資最高。由於各職業類別範疇廣，未來將進一步分析哪一個專業學程可對應哪些產業別細項，以獲得更為精確的連結。

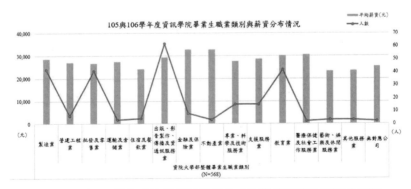

圖1　105與106學年度資訊學院畢業生工作職業類別和薪資分布圖

肆、經驗的總結

一、目前遭遇的困境

　　本研究遭遇的困境，在課程與學習成效評估面向部分，以蒐集資訊學院102和103學年度入學學生為研究對象，有些班級課程之成績、相關記錄與數據仍有可能缺漏，或是不同班級的記錄方式不一致。另外，學習成效可能受其他因素的影響，例如：程式設計能力的評估，除了正式課程設計的因素之外，亦受到任課老師教學風格與方式、課後輔導機制、補救教學、科系差異、年度差異的問題所影響。在薪資面向部分，則因影響薪資的變項較多，且勾稽的薪資係由畢業生個人憑印象填答，與實際薪資可能有些許落差。

二、值得驕傲的特色

　　本校定位為綜合教學型大學，鼓勵和支持學術單位和各系教師有創新教學作為。本研究主要在分析資訊學院105和106學年度畢業生在校的學習成效，包含雙主修、專業學程、程式榮譽班與程式設計階梯翻轉課程與其對薪資表現的影響。

　　資訊學院在學生「拔尖」部分，於102學年度成立程式榮譽班拔尖班。程式榮譽班學生在各項國內外競賽積極參與並獲獎和考取專業證照皆有傑出優異的表現。整體而言，這兩年資訊學院修習程式榮譽班與否和升學間具有顯著差異，亦即，在校時期修習程式榮譽班的畢業生有較高比例繼續升學（$\chi^2 = 14.36, p < 0.01$）。

　　學生「固本」部分，在103學年度開始實施程式設計階梯翻轉課程，在「程式設計階梯翻轉教學」課程的學生回饋問卷發現，學生皆非常認同此課程設計與規劃，在學校學習環境、教師教學和學

習皆有正向回應。另外，本校資訊學院有「鼓勵考取專業證照」之機制，本研究發現，105與106學年度資訊學院畢業生持有證照比例平均為64.61%，各系學生皆有高比例的專業證照持有率。由研究結果可以得知，105和106學年度資工系畢業生有較高的比例至少修習兩個（含以上）的專業學程（50.00%），資管系與資傳系則是無修習專業學程者比例較高（資管系61.72%；資傳系63.78%），修習雙主修比例較低（資管系0.96%、資工系0%、資傳系1.62%）。

學生「扶弱」部分，研究發現程式設計階梯翻轉課程有將近四分之一的學生未完成修課，授課教師亦主動了解學生學習狀況與困難，並適時提供補救教學之輔導措施。

靜宜是天主教大學，特色是關懷社會、發揮仁愛精神與敏於時代、社會之所需；靜宜同時重視學生的**國際力、敘事力及資訊力**（靜宜3力），營造優質多元的國際學習環境，培育專業及倫理並重的人才。值得驕傲的特色包含本校獲教育部核定108年度校務發展計畫之獎勵及補助經費居私校綜合第二類組第一；為全國第一所加入「國際交換學生計畫（ISEP）」之會員學校，提供免付國外學費與膳宿費（僅需支付靜宜學費、膳宿費和活動費）之國際交換學生與出國研修方案。同時，獲教育部「108年度高等教育深耕計畫」補助，名列綜合型私立大學第四名。本校已連續14年獲得教學卓越計畫（95-106年）及高教深耕計畫（107-108年）獎勵肯定。靜宜大學在遠見、天下Cheers等具公信力雜誌及媒體評選中，屢屢脫穎而出，榮獲「具超強特色大學」、「辦學績效成長Top 20」、「擁有豐沛國際化能量」等多項佳績，成效卓越，深受各界肯定。

三、未來的發展方向

本校擬定建置聯合國永續發展（Sustainable Development Goals, SDGs）17大指標評鑑系統，以落實全校永續發展精進與策略提升

之目標。另外，除了一般與專業知識的學習外，學業能力應包含語文能力和數理邏輯分析能力。對於大學生而言，閱讀、寫作與口語表達是最重要的語文能力，亦是其他學科學習的基礎（蘇建洲、湯堯，2010）。另外，外語能力是國際化的重要關鍵因素之一。有鑑於此，本校擬建立大學學生閱讀書寫素養的評量指標，以發展並檢測本校及全國大學生的閱讀素養和敘事力。

參考文獻：

Cheers快樂工作人雜誌編輯部（2009）。考證照，求精不求多！**Cheers快樂工作人雜誌，110**，126-127。

田弘華、田芳華（2008）。誰生學？誰就業？誰失業？大學畢業生出路之探討。**教育政策論壇11**（4），33-62。

吳明錡、李隆盛（2011）。證照協助大學畢業生就業之效益分析：以企管類科系為例。**商管科技季刊12**（2），145-173。

李隆盛、李信達、陳淑貞（2010）。技職教育證照制度的回顧與展望。**教育資料與研究，93**，31-52。

秦夢群、莊清寶，2010大專生求學經歷與就業力關係。**教育資料與研究雙月刊，94**，85-112。

張翔一（2009）。登陸考照熱，你考了嗎？**天下雜誌，4333**，68-70。

勞動部統計處（2019）。107年7月職類別薪資調查統計結果。取自 https://www.mol.gov.tw/media/5760619/1080531%e5%8b%9e%e5%8b%95%e9%83%a8%e7%b5%b1%e8%a8%88%e8%99%95%e6%96%b0%e8%81%9e%e7%a8%bf_%e9%99%84%e4%bb%b6.pdf

游秋怡、林大森（2008）。影響職場新鮮人職業地位薪資取得因素之初探。**臺灣高等教育研究電子報，26**。取自http://www.cere.ntnu.edu.tw/files/upload_files/cere/files/hedudb/epaper/%E9%AB%98E6%95%99%E9%9B%BB%E5%AD%90%E5%A0%B1%E7%AC%A

C26%E6%9C%9F_%E7%84%A6%E9%BB%9E%E8%AD%B0%E9%A1
%8C.pdf

蕭家純（2009）。家庭社經地位、自我概念、學業表現對大學畢業
　　生就業情形之探討。**當代教育研究，17**（3），1-40。

靜宜大學（2020）。10年靜宜大學績優表現。取自http://www.pumag.
　　pu.edu.tw/article.php?cid=1

蘇建洲與湯堯（2010）大學課程與教學設計對徐生專業能力發展影
　　響之探究。**教育資料與研究雙月刊，95**，127-148。

Wang, R. J. (2003). From elitism to mass higher education in Taiwan: The problem
　　faced. *Higher Education, 46*, 261-287.

UCOM恆逸教育訓練中心（民國95年7月）。資料庫認證介紹。民
　　國109年09月09日，取自https://www.uuu.com.tw/Course/Partner/
　　Oracle/section=certification/title=Oracl

TQC企業人才技能認證（民國78年8月）。TQC認證介紹。民國109
　　年09月09日，取自https://www.tqc.org.tw/TQCNet/CertIntro.aspx

中華民國電腦技能基金會（民國78年8月）。認證介紹。民國109年
　　09月09日，取自https://www.csf.org.tw/main/cred_01.asp

UCOM恆逸教育訓練中心（民國95年7月）。EC-Council系列課程認
　　證考試介紹。民國109年09月09日，取自https://www.uuu.com.
　　tw/Course/Partner/EC-Council/section=ceh/title=EC-Council系列
　　課程認證考試介紹

UCAN應用在校務研究：
檢視學習成效及追蹤就業發展

UCAN計畫辦公室

壹、UCAN平臺簡介

　　為有效協助學生了解自己的職涯發展方向，能更有目標、動機地加強其職場就業相關職能，教育部自98年推出「大專校院就業職能平臺」（University Career and Competency Assessment Network，以下簡稱UCAN，網址：http://ucan.moe.edu.tw），結合職業興趣探索及職能診斷，以貼近產業需求的職能為依據，增加學生對職場的了解，並透過職能自我評估，規劃能力養成計畫，針對能力缺口進行學習，提高個人職場競爭力。

一、UCAN平臺主要功能

　　UCAN平臺提供諸多資源與功能予學生、教師或校務研究人員使用，以下簡要說明「職能與職業查詢」、「職業興趣探索」、「共通職能診斷」、「專業職能診斷」和「後臺管理功能」。更詳細介紹歡迎至平臺點閱「UCAN懶人包」，將依不同身份別提供導覽說明。

（一）職能與職業查詢

　　UCAN平臺建置的重要理念是以產業職能需求為依據，期望連結業界職能需求與學校的學習與教學，進而提高學生就業力，縮短學用落差。因此，UCAN平臺說明職能概念，提供職能資源、職能應用、職場共通職能查詢、專業職能查詢，以及依關鍵字或多種條件相關職業。前揭功能皆為免費公開資源，使用者無須登入帳號密碼即可查詢，除了提供各就業途徑簡介，亦有相關執業資格、勞動部技能檢定和教育部採認民間證照。此外，UCAN也整合了跨部會職能資源，包含經濟部工業局之優質工作、勞動部勞動力發展署職能基準、國家發展委員會「未來三年重點產業人才供需調查及推估」報告，提供各校師長一站式職能資源服務。

圖1　UCAN職業查詢功能

（二）職業興趣探索

　　UCAN職業興趣探索診斷共有194題，由三大部分組成，分別是「你喜歡哪些活動？」、「你認為自己有這樣的特質嗎？」、

「在學習經驗中，你喜歡哪些科目？」學生依據自己的真實情況完成作答，並得出16個職涯類型的興趣高低，分數愈高代表其在該職涯類型展現的興趣愈強烈。全題項採「有」或「無」勾選之方式，作答直覺快速，一般而言可於10至15分鐘完成填答。

除了提供個人於不同職涯類型興趣強弱之診斷，UCAN職業興趣探索診斷亦提供Holland碼職業性格類型（Holland code）及分數，協助學生進行生涯規劃與職業探索。

（三）共通職能診斷

UCAN職能發展乃透過彙整國內外文獻，召開跨部會及產官學研專家諮詢會議，再進行各領域在職人士大規模問卷調查，完成信效度檢驗。UCAN職能分為二類，一為職場共通職能，一為專業職能。職場共通職能係指從事各行各業皆需具備的能力，包括「溝通表達」、「持續學習」、「人際互動」、「團隊合作」、「問題解決」、「創新」、「工作責任及紀律」和「資訊科技應用」等八項共通職能。其中，因應全球數位轉型浪潮，產業數位人才需求倍增，UCAN共通職能「資訊科技應用」於108學年全面更新，讓職能內涵更呼應產業脈動。量表設計方面，共通職能診斷總計54題，採5點量尺，讓學生透過自我能力評估，了解個人共通職能的強弱。

（四）專業職能診斷

專業職能係指執行某項工作時，達成工作目標所需具備的專業知識與能力。因應UCAN平臺主要針對大專校院，協助學生就業前最後一哩路職能養成之出發點，UCAN平臺的專業職能採16種職涯類型（career clusters）並下分66種就業途徑（career pathways）之架構，而非單一職業（occupations），提供學生更完整認識產業所需職能及規劃更寬廣職涯發展。

每一種就業途徑之專業職能皆包含主要工作任務、工作活動、

具體行為，以及知識技能等。平臺於106年更新完成10項（如：網路規劃與建置管理、數位內容與傳播、軟體開發及程式設計等）與五大產業創新政策相關之職能內容調整，更新知識技能與具體行為共計72項，未來亦將持續滾動式更新職能內涵，使平臺所載內容更切合產業發展及政策推動方向。

二、UCAN平臺全體資料分析

UCAN平臺推動迄今已建構豐富的職能資源，亦累積大規模學生診斷數據，截至2019年12月，平臺學生帳號數累計突破365萬，各項診斷使用人次則逾500萬之多，其中，職業興趣探索累積逾238萬人次，共通職能診斷逾171萬人次，專業職能診斷則逾137萬人次。以下針對平臺107學年度之學生診斷數據，分就三項診斷進行全體資料分析。

特別說明，平臺因應學生於不同時間點因不同需求而有多次診斷之需求，如大一新生探索職業興趣，大二時再次診斷以確認職業興趣是否有所改變；或大二時進行共通職能診斷作為前測，另於大四畢業前再次診斷作為共通職能變化的參考。是故，平臺保留學生於UCAN每項診斷最近的四次紀錄。以下分析將取每位學生最新一次診斷結果，有效樣本皆為人數。

（一）UCAN職業興趣探索全體資料分析

107學年度平臺全體學生於職業興趣探索診斷資料經剔除無效樣本，有效樣本208,625人，其中，公立和私立大學佔比為3：7，一般大學和技職校院佔比約為5：5，四技和大學學制合佔88%，一年級佔近7成，以社會科學、商業及法律領域學生佔多數（23.5%）。由圖2可看出，107學年度職業興趣探索分數最高的三個職涯類型依序為：教育與訓練（2.45）、休閒與觀光旅遊（2.44），以及個人及社會服務（2.37），顯示學生對此些職涯類型展現較高的職涯發展偏好。

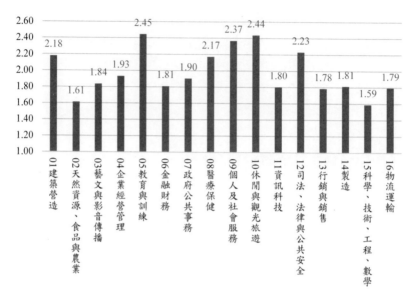

圖2　107學年度職業興趣探索平均數折線圖

（二）UCAN共通職能全體資料分析

　　107學年度平臺全體學生共通職能診斷資料經剔除無效樣本，有效樣本174,185人，其中，公立和私立大學佔比約為2：8，一般大學和技職校院佔比約為5：5，四技和大學學制合佔86%。一年級佔近4成最多，三年級佔2成為次多；以社會科學、商業及法律領域學生佔多數（22.8%），醫藥衛生及社福領域次之（21.0%）。由圖3可看出，107學年度共通職能分數最高的三項職能依序為：工作責任及紀律（4.05）、團隊合作（3.98），以及人際互動（3.95），分數最低的二項職能為創新（3.70）和問題解決（3.75），顯示學生自評對於遵守組織紀律、履行工作職責，與團員有良好關係完成任務，以適當方式與他人互動，有較高的評價；但自評對於釐清問題並提出解決方案、突破框架提出新構想的能力較低。

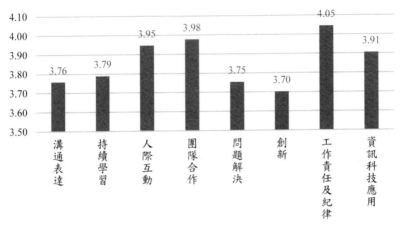

圖3　107學年度共通職能平均數長條圖

（三）UCAN專業職能全體資料分析

107學年度平臺全體學生專業職能診斷資料經剔除無效樣本，有效樣本126,298人，其中，公立和私立大學佔比約為2：8，一般大學和技職校院佔比約為4：6，四技和大學學制合佔85%。三、四年級佔比相當，各32%；以醫藥衛生及社福領域學生佔多數（22.2%），社會科學、商業及法律領域次之（21.7%）。

承前所述，UCAN專業職能下分66組就業途徑，學生可依其所屬系所專業領域，或職業興趣探索診斷結果，選擇一項就業途徑進行診斷。107學年度診斷人數最多的就業途徑為「醫療服務」，有效樣本數為16,783人，故以醫療服務就業途徑作為專業職能示範說明。107學年度醫療服務就業途徑的專業職能平均數為3.88，此分數於五點量尺介於3分（我無法完成這件事，但努力學習就能做好）與4分（我可以將這件事情完成，但還能改進）之間。由圖4可看出，醫療服務專業職能以第三項「執行並落實醫療照護措施」分數最高，而以第五項「依醫療照護或病人需求進行轉介或轉銜，以協

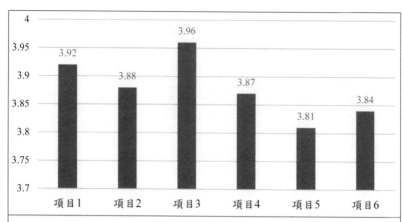

醫療服務專業職能
項目1 建立醫病關係以協助評估、了解身心健康問題。
項目2 分析身心健康問題及病人需求,以訂定醫療照護計畫。
項目3 執行並落實醫療照護措施。
項目4 追蹤醫療照護效果。
項目5 依醫療照護或病人需求進行轉介或轉銜,以協助病患得到持續性照護。
項目6 執行及推廣社區醫療及照護保健相關活動。

圖4　107學年度專業職能平均數長條圖:以醫療服務為例

助病患得到持續性照護」分數最低。

　　UCAN全體資料分析旨在以平臺整體數據展現學生的職業興趣偏好與職能水準現況。不過,由於平臺為開放資源,鼓勵學生上線診斷,因此,前揭分析結果並非普查亦非隨機抽樣,故無法代表國內大專生母群,特此說明。本分析主要提供學校應用UCAN的參考,學校可針對自校數據分析結果,就弱勢職能擬定改善計畫。除了提供相關活動或研習,職能與教學規劃、課程地圖的對應亦是培育職能的具體做法之一。以下將分就學習成效與就業發展介紹UCAN相關功能與學校應用案例,期能推升更多元的UCAN應用價值。

貳、運用UCAN檢視學生學習成效

平臺近年開發二項回饋功能，一則源於在校生，一則來自畢業生，目的皆在於透過學生的回饋，提供精進教學設計與規劃之參考，以改善學生學習成效，甚而優化就業與發展。本節首先介紹第一項回饋功能「職能養成之教學能量回饋」，並分享二校運用UCAN於檢視學生學習成效之學校案例。

一、UCAN放大鏡：職能養成之教學能量回饋

為配合教育部提升高等教育品質之施政方向，建立以證據為基礎（evidence-based decision）的回饋機制，將教學品質改善反映在學生學習成效提升，以客觀數據佐證與回饋引導大學系所進行課程與教學改革，UCAN平臺於104年開發並推出「職能養成之教學能量回饋」功能，調查學生對以下三個面向的意見回饋，包括：（一）學校／系所提供之課程與活動對養成職能的充足度、（二）學習經驗對職能養成的幫助度、（三）課程與職能之間的連結理解度，以及學生對學校／系所提供可養成職能的教學內容之滿意度。

「職能養成之教學能量回饋」於UCAN平臺乃安排於學生完成職能診斷之後接續填寫，依據職能診斷類別又分為三類。第一，當學生完成共通職能診斷，將繼續填答「共通職能之教學能量回饋問卷」；第二，當學生完成的專業職能診斷，其就業途徑符合系所人才培育目標，如：企業管理學系學生挑選「人力資源管理」就業途徑進行專業職能診斷，則將繼續填答「與系所相關專業職能之教學能量回饋問卷」；第三，當系統判定學生完成的專業職能診斷，其就業途徑不符合系所人才培育目標，如：企業管理學系學生挑選「建築規劃設計」就業途徑進行專業職能診斷，則將繼續填答「與

系所無關專業職能之教學能量回饋問卷」。前揭第三類問卷除了可篩選出有意轉系轉校之學生，亦是了解學生潛在跨域學習需求之線索，師長可運用回饋問卷之分析結果於輔導學生規劃適性學習路徑。

「職能優勢」係指學生在職能診斷的平均分數；「課程能量」則是指學生在課程或活動充足度的評估，以課程能量為X軸，職能優勢為Y軸，進行二維分析，以了解學校或系所的關鍵優勢與潛在威脅的職能項目。二維分析將形成四個平面象限，如下圖5說明：

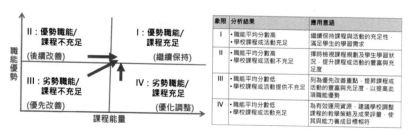

圖5　職能優勢-課程能量二維分析圖

以107學年度UCAN平臺「共通職能之教學能量回饋問卷」全體診斷數據為例，經刪除與清理無效樣本後，有效樣本數為154,560人，二維分析結果（如圖6）顯示整體學生需優先改進的職能項目為「溝通表達」與「創新」，這兩項共通職能落入第三象限「優先改善」區域，表示學校課程或活動提供不充足，且學生職能平均分數也低。值得注意的是，「問題解決」介於第三、四象限臨界點，學校調整相關教學及學習活動時，建議將「問題解決」也納入整體規劃。

完成人數	職場共通職能面向	診斷平均分數 （最高 5） 職能優勢	課程或活動 充足度評估 （最高 5） 課程能量	二維分析
154,560	溝通表達	3.74	3.56	III.優先改進
	持續學習	3.77	3.72	IV.優化調整
	人際互動	3.93	3.68	I.繼續保持
	團隊合作	3.98	3.83	I.繼續保持
	問題解決	3.75	3.66	IV.優化調整
	創新	3.70	3.39	III.優先改進
	工作責任及紀律	4.04	3.78	I.繼續保持
	資訊科技應用	3.89	3.56	II.後續改進
8 大共通職能平均		3.85	3.65	

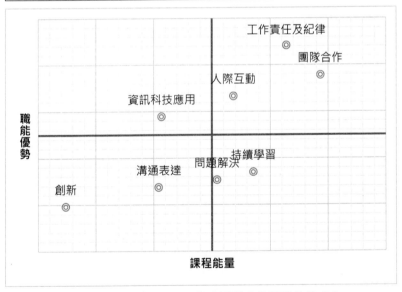

圖6　107學年度UCAN平臺全體樣本共通職能養成之
教學能量回饋整體分析報表

前揭分析乃以平臺全體樣本為例,各校UCAN總管理者或校務研究中心研究者可依其需要,將研究對象切分為校級、院級和系級。具體而言,針對全校學生職能優勢與課程能量的二維分析可針對「共通職能」,系級則可針對「專業職能」,院級分析則需視學院內各系所專業領域交集程度再擇適當就業途徑分析之。

「職能養成之教學能量回饋」聚焦改善學生弱勢職能且相關能量不甚充足之課程或活動,作為學校課程調整的參考。而為了協助大學和師長運用UCAN於教學規劃和改善,降低過程中UCAN職能與系所專業課程對應之困難,平臺於105年開發並推出「應用教學規劃發展工具」,並蒐集系所使用者回饋與建議,於107年底改版推出2.0版。本工具協助學校運用UCAN職能,從規劃職涯進路、檢視核心能力到發展課程地圖進行教學規劃發展,透過系統功能將對應過程步驟化並產製具體對應表,供課程委員會進一步討論對焦。有關「應用教學規劃發展工具」歡迎至UCAN平臺點閱詳細之操作手冊。

二、學生選系興趣相符度與學習成效之分析

依據108年大專校院應用UCAN情況調查,有效樣本147校的回覆顯示,78%學校應用UCAN於職涯輔導,62%學校用於教學應用,40%學校用於校務研究。顯見各校運用UCAN診斷數據仍以協助學生入學安置及輔導居多,不過,教務面和校務面的應用亦已逐漸升溫,頗有迎頭趕上之勢。

職業興趣探索多安排於新生入學時實施,除了回饋學生未來就業潛在興趣領域之外,亦是系所研析學生就讀適應與否的線索之一。案例學校淡江大學觀察到許多大一新生在高三轉入大學階段時,無法順利掌握「自我興趣」與「科系專業」之間的關聯性,因此在入學時仍對自己的興趣和未來感到徬徨。為了持續強化畢業生就業競爭力,淡江大學專案執行「大一學生選系興趣相符度與學習

成效之關聯分析」計劃，透過檢視學生最感興趣之職業類別與選讀系所之相關性，並結合學生實際的學業成績，追蹤學生學習適應與課程設計之參考回饋。

圖7為淡江大學運用UCAN平臺資源之示意圖，目的在於能有系統地了解學生的職業興趣，另一方面，掌握學生共通職能的同時，也追蹤學生初期學習適應程度、在校期間基本素養；最後，UCAN專業職能則對應到各系所核心能力之培育情況，掌握整體學生的學習成果及回饋。整體而言，不僅能提供開課單位作為實務參考，另一方面也可提供各系所調整教學規劃、課程設計之依據。

圖7　淡江大學從UCAN平臺出發，串接其他單位的實務應用

淡江大學以106學年度入學之大一新生為研究對象，針對UCAN「職業興趣探索」和「共通職能評估」兩大項目進行分析，探討其與「學期成績」之間的關係。如果是興趣與系所關聯不相符確實會影響到學期成績，校內輔導單位或導師得以運用該結果協助學生。例如：系所導師、校內輔導單位應用，是否該針對選錯科系而影響學習表現的學生給予適當輔導服務，包括申請雙主修、輔系，甚至轉系等，盡早協助學生進行職涯規劃；除此之外，也希望

透過該研究找出淡江大學學生們在共通職能上的優劣勢，加以強化或善用。期盼學生畢業後，皆能在工作職場中發揮在學期間所培養之軟實力與硬實力。

研究結果顯示：**系所與興趣相關性高對學期成績表現確實有正面影響力**。首先，如果選擇的科系與原本的興趣不太相關時，學生的學期成績平均分數會低於科系與興趣相關性高的學生。第二，即使是相關性為中度的學生，其學期成績平均仍會低於相關性高的學生。由此可推知，學生若能盡早了解自己的興趣喜好並且選擇大學四年的就讀系所，將會在學期成績上有一致的學習成效，此將對各系所的課程，提供了務實的判斷準則。

三、專題研究課程與學生軟實力分析

前揭UCAN平臺全體數據共通職能分析顯示（如圖3），「創新」是國內大專生共通職能的弱勢項目，如何提升學生的創新能力亦是各校亟欲改善的目標。尤其，「新創」已成為全球先進國家高等教育的育才趨勢，無論從校園環境的空間規劃或是學術與行政的設計改良，透過系統性的搭配設計以將高等教育聚焦於強化青年整體性創新體質，乃是滿足新世代知識經濟與科技發展最重要的人培重點。且看案例學校東吳大學如何以實徵數據檢視「專題研究」此等總整課程對於培養學生軟實力的具體助益。

東吳大學認為注重學生群體或個人的「軟實力」發展情況或是其中關鍵，且需將學生軟實力發展的實況，反饋回學校教學與相關行政單位，作為敦促校方提供明確的輔導措施與教學內涵之重要參考資料，提升創新培育的整體績效。東吳大學將學生創新能力定義在「硬實力＋軟實力」的相輔相成，也就是說，學生有能力將在專業課程裡所學到的技術及理論，再建構出與專業職能有關的團隊合作、創新、思考、溝通以及問題解決的工作技能。因此，決定以

UCAN「共通職能」診斷為分析重點。

東吳大學以化學系為分析對象，從UCAN資料庫中取得100～104學年化學系入學學生、一到四年級在八大共通職能各細部題項之實測數據作為研究樣本，並採用採用前、後施測的方式取得共通職能前後數據，除去離群值後才串接回學生基本資料。研究結果顯示：**專題研究是培養學生軟實力的良方**。有修過專題研究的學生，在各項軟實力的平均數高於沒有修過的學生。在軟實力的表現上，相差最多的項目是「持續學習」與「工作紀律」兩個細部項目；差異最少的則在「創新」和「團隊合作」。接著，將問題深入至修習時間長度，分出（1）修過一年者、（2）二年者、（3）完全沒修過等三組進行比較，便清楚地發現修習2年專題研究的學生，在共通職能中以「溝通表現」、「持續學習」、「問題解決」出現持續成長，且八項共通職能平均皆高於曾修習過專題或只修習專題1年的學生（如圖8）。

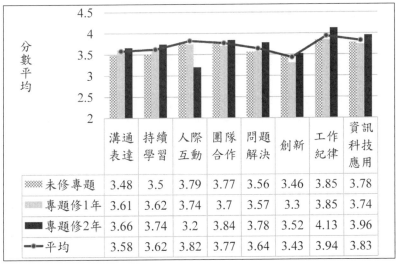

	溝通表達	持續學習	人際互動	團隊合作	問題解決	創新	工作紀律	資訊科技應用
未修專題	3.48	3.5	3.79	3.77	3.56	3.46	3.85	3.78
專題修1年	3.61	3.62	3.74	3.7	3.57	3.3	3.85	3.74
專題修2年	3.66	3.74	3.2	3.84	3.78	3.52	4.13	3.96
平均	3.58	3.62	3.82	3.77	3.64	3.43	3.94	3.83

圖8　東吳大學化學系修習專題年限與共通職能分項差異分析

由於採用UCAN平臺實測數據，讓後端分析出來的數據能夠直接地讓學生的專業能力與共通職能串接，解構化學系學生軟實力發展情況的程度，對其他教學、行政處室制定創新策略與執行方案層面，就能運用八項共通職能的差異數據，指出客觀的建議方向。意即，需串連研究分析與教學規劃的勾稽關係，進而能讓研究結果應用於全校各處室的實務工作，使得校方與教學規劃之創新內容，都可以從相關的資料中找到驗證。

延續此研究，東吳大學利用UCAN平臺具有之共通職能、專業職能、興趣診斷三種診斷工具，繼續分析「創新力」錯綜複雜的培育過程，更利於串接校內其他校務資料（如：學生學習成效調查資料）。以後續執行的「從UCAN職涯興趣順位看畢業1年調查學生就業領域情形」研究為例，便是由校內校務資料分析中心與社會資源處共同執行的跨單位專案，可找出學生在校期間與創新力有關的行為與態度，對就業狀況、學用配適之影響，挖掘出在校期間與就業之間，有哪些變項和創新力有關，便可反饋回校內制度，成為重要的決策依據。

參、UCAN於學生就業與發展之應用

UCAN平臺建置目的為縮短學用落差，以產業所需職能為依據，協助系所定位目標人才之職涯進路，同時亦協助學生對準未來就業能力即早養成。因此，運用UCAN於實習前後或畢業流向是各大專校院常設定之分析議題。本節將首先聚焦介紹平臺近年開發的第二項回饋功能「UCAN結合畢業生流向調查」，再續以分享二校運用UCAN數據於學生就業與發展應用之學校案例。

一、UCAN放大鏡：UCAN結合畢業生流向調查

　　UCAN結合畢業生流向調查是透過系統功能將「UCAN」與「畢業生流向」兩個資料庫串檔後進行交叉分析，只要畢業生在校時留有UCAN診斷數據，且畢業生流向調查有回覆問卷，系統即可串接，學生無須額外施測，學校可直接從UCAN平臺下載基礎分析報表，檢視學生在校時職能強弱與畢業後工作狀況之關聯。

　　畢業生流向調查公版問卷計有13題，針對其中5題與就業和能力相關的題項與畢業生在校時UCAN平臺診斷結果串接，產出7張基礎統計分析報表。因應各大專校院掌握學生就業表現、檢視辦學成效之校務研究分析需要，平臺於108年新增與「就職速度」相關之5張分析報表，累積基礎分析報表達12張（如表1）。

表1　UCAN結合畢業生流向調查基礎分析報表

資料來源	串接UCAN診斷	報表名稱
畢業生流向調查	（非串檔報表）	1. 畢業生的工作職業類型分布 2. 在校學習經驗對畢業生目前工作的幫助
興趣探索結合 畢業生流向調查	興趣探索診斷	3. 畢業生工作類型與興趣診斷分數之交叉表
共通職能結合 畢業生流向調查	共通職能診斷	4. 畢業生工作狀況與共通職能分數之交叉表 5. 畢業生工作類型與共通職能分數之交叉表 **6. 畢業生就職速度與共通職能分數之交叉表**
	共通職能 教學能量回饋	**7. 畢業生就職速度與整體就業準備度之交叉表**
專業職能結合 畢業生流向調查	專業職能診斷	8. 畢業生工作所需的專業能力與專業職能分數之交叉表 9. 畢業生工作內容與原就讀系所專業與專業職能分數之交叉表 **10. 畢業生就職速度與專業職能分數之交叉表**
	專業職能 教學能量回饋	**11. 畢業生就職速度與專業領域就業準備度之交叉表** **12. 畢業生就職速度與系所提供專業職能養成滿意度之交叉表**

說明：粗體為新增基礎分析報表且已於108年8月1日上線

以「畢業生就職速度與共通職能分數之交叉表」為例，並以「105學年度畢業後一年」學生為分析對象，串檔樣本共54,767筆，進行就職速度在八大共通職能的平均數分析，如果平均分數大於整體平均數則以粗體字表示。由表2結果來看，可以發現八個共通職能分數比較高的多為「在畢業前就找到工作」與「1個月內找到工作」，此結果顯示在校時的共通職能分數高低與就職速度有關，即共通職能分數越高，畢業後的就職速度也傾向較快。值得注意的是，平臺提供的是基礎分析報表，師長宜以統計軟體進行檢定考驗，以獲致更穩健結論。再者，影響就職速度的因素眾多，在校時的職能表現僅為其中之一，分析時宜納入可能之變項綜合考量。

　　UCAN結合畢業生流向調查目前提供102至105學年度串檔數據，截至108年12月已有111校使用，逾4,600次報表下載。本功能將持續提供學校新學年度串檔數據，做為學生就業與發展之掌握依據，以支援學校校務管理。

表2　畢業生就職速度與共通職能分數之交叉表，以105學年度畢業後一為例

就職速度	填答人數	在校時於UCAN最後一次共通職能分數							
		溝通表達	持續學習	人際互動	團體合作	問題解決	創新	工作責任及紀律	資訊科技應用
畢業前就找到工作	7,996	**3.70**	**3.77**	**3.95**	**3.96**	**3.68**	**3.67**	**4.03**	**3.84**
1個月內	19,860	**3.70**	**3.75**	**3.95**	**3.96**	**3.68**	**3.67**	**4.04**	**3.84**
1到2個月內	11,170	3.66	3.70	3.91	3.93	3.65	3.64	4.00	3.82
2到3個月內	7,044	3.64	3.66	3.90	3.91	3.61	3.61	3.98	3.80
3到4個月內	2,656	3.65	3.70	3.88	3.92	3.64	3.62	3.99	3.80
4到6個月內	3,591	3.66	3.69	3.90	3.92	3.66	3.63	4.00	3.83
6個月以上	2,450	3.65	3.69	3.88	3.90	**3.67**	3.62	4.02	3.83
平均數	54,767	3.68	3.72	3.93	3.94	3.66	3.65	4.02	3.83

註：分數大於平均數以粗體字表示。

二、應用職能資源打造學生就業即戰力

　　為加速臺灣產業轉型升級，政府全力推動5加2產業創新計畫，期為經濟成長注入新動能。其中「智慧機械產業推動方案」以轉型傳統機械工業整合當今最熱門的物聯網、大數據、機器人、3D列印等智慧技術為導向，打造智慧機械的生態體系以期待能結合產官學資源，作育優秀的國際人才。在產業需求銳變的此際，逢甲大學深度應用UCAN職能資源進行課程規劃研究，建立學程教學目標及內容，以期和企業直接接軌。

　　逢甲大學選擇符合產業創新精神的精密系統設計學士學位學程為主軸，並以有參與「數位製造專題」課程的學生做為實施對象，再結合智慧機械熱門領域之一的「3D列印」職能，透過UCAN「職能與職業查詢」及「職能診斷」功能，協助學生和學校同步掌握職涯進路發展方向。如此，除了可以做為逢甲大學推動就業輔導計畫及盤點精密學程課程的參考依據、與企業需求有效勾稽之外，學生也能盡早打造自己的職涯進路（圖9），提早累積四年實力。

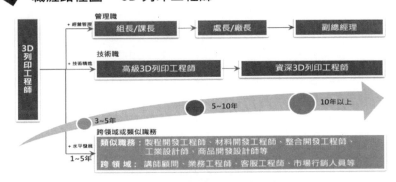

圖9　3D列印工程師職涯進路參考

具體而言，該課的課程內容、教學大綱係依據UCAN專業職能中的「製造」和「科學、技術、工程、數學」所對應的職能說明設計，並連結iCAP 3D列印工程師職能基準。課程設計運用到逢甲大學積極推動的「CDIO流程（構思Conceive、設計Design、實現Implement、運作Operate）」流程，輔以電腦輔助設計原理來進行創意產品的設計，並實際進行試作及發表，以符合數位製造課程的學習目標。此外，於期末時安排修課學生報考經濟部iPAS產業人才能力鑑定，作為專業能力之學習成效驗證。在該門課中，28位報考學生裡，有4位通過iPAS能力鑑定。由於課程高度對應產業職能，「數位製造專題」亦於108年通過勞動部勞動力發展署職能導向課程品質認證。

逢甲大學的案例揭示，藉由UCAN協助學校規劃課程，建構跨域的教學環境，學校和產業界間建立緊密的鏈結關係。學生在UCAN進行職業興趣探索，教師發展iCAP職能導向課程認證，與推動iPAS產業人才能力鑑定，多管齊下，結合跨部會職能資源，以利於學生畢業即就業，並減少學用落差。

三、學生實習成效與專業職能之關聯

實習制度意在讓學生於企業支持、業師指導、教師後援等多重安全支援系統下，將高等教育所學知識與技能應用於產業界，不僅有助於學生了解職場，同時也是個人職涯發展方向的試探。另一方面，實習亦是系所用以檢視學生四年所學的綜合能力、反思整體課程設計與改善之際。

醒吾科技大學行銷與流通管理系（以下簡稱行流系）導入UCAN職能導向課程後，針對106學年度共計138人參與大四校外全時實習之前後進行職能分析，實習期間最主要工作職務以第一線員工（如作業人員、服務人員、行政助理等）為主。研究結果顯示，

105學年度的學生於實習前後，有部分專業職能項目的分數提升並不具顯著性差異，深究其原因乃是因為學生在全年大四實習的過程中較沒有機會接觸或學習到該項職能所對應的工作任務。如此，行流系在106學年度實習課程的設計與教學上，協調各實習廠商盡可能地強化學生「工作輪調」，同時開放更多的「主管或儲備幹部課程」，讓學生能更廣泛地接觸到更進一步的管理技能，雖然每個實習學生的資質或學習能力都不盡相同，但讓學生能夠於實習單位中增加新的實習工作任務或內容，確實已經收到學習效果，也因而反映在各專業職能分數的成長上。

表3　醒吾科技大學學生實習前後專業能力變化比較表。

能力指標	106學年實習前分數	106學年實習後分數	106學年差異值	105學年度差異值
進行行銷管理以及例行作業和溝通，以確保與相關單位的溝通及作業順暢	3.42	3.7	0.28*	0.26*
運用及評估與市場相關的資訊，並且擬定整體的行銷策略	3.38	3.72	0.34*	0.46*
擬定價格以及調整價格，以追求利潤與顧客價值的最大化	3.3	3.56	0.26*	0.22
擬定產品或服務策略，以回應市場的需求	3.1	3.7	0.6*	0.45*
擬定通路策略，以降低成本並發揮通路之最大效益	3.13	3.58	0.45*	0.33*
擬訂與產品的服務以及形象相關的宣傳策略，以達到理想之效果	3.12	3.41	0.29*	0.23*
收集並且分析市場資訊，以幫助進行銷售決策	3.08	3.43	0.35*	0.18
掌握顧客的需求，增加顧客的購買意願，以提升銷售效率及效益	3.27	3.77	0.5*	0.65*
進行售後服務及客戶關係管理	3.36	3.84	0.48*	0.65*

$^*p < 0.5$

行流系得以比較歷年（如：105和106學年度）學生多次UCAN診斷結果（如：實習前後），歸因於該校累積完整的學生診斷記錄。醒吾科技大學UCAN推動主要實施作法有三，首先，**每學年定期執行學生職涯調查**：自105學年度起，大一至大四每班導師均需進行班級職涯輔導工作，根據學生的興趣、性格、課程及能力表現，搭配UCAN職涯診斷結果，提供學生職涯探索與診斷、諮詢與輔導服務，協助學生展開自我職涯規劃。學期末，教學資源發展中心彙總班級輔導紀錄結果交至所屬學院及系主任，提供院系參考據以規劃、調整課程內容或教學設計，並掌握學生能力養成狀況。後續並可據此持續作為系上課程與教學發展及改善，以及了解學生職涯的適性發展與職能養成之參考與應用。

　　再者，**實行分級管理**：透過教資中心建立職涯輔導分級管理制度，從各學院院長、各系主任、各班導師皆具有分級權限，可隨時觀察與分析學生每學年於UCAN上的定期施測結果，並依此進行後續各層職涯輔導管理相關工作。最後，**職涯導師培訓**：教資中心透過每學年的全校職涯導師培訓研習課程，增進職涯導師對當前產業發展新趨勢的了解，提升職涯診斷與輔導技能，其中亦包含UCAN平臺的介紹與應用說明。

　　綜合而言，醒吾科技大學長期深度應用UCAN揭示，UCAN職能導向課程設計確實能增強學生於所屬就業領域之專業職能發展與成長，也同時能讓系所的培育目標與課程設計相互呼應，並讓系所藉由UCAN系統對準教育目標與課程規劃進行滾動式修正，以持續地跟業界所需求的人才相互呼應。

肆、結語

　　本章簡介UCAN平臺建置緣由與主要資源功能，續以詳細介紹近年開發之二項回饋功能「職能養成之教學能量回饋」與「UCAN

結合畢業生流向調查」，並搭配四校運用UCAN於校務研究之案例，冀能以真實數據分析，促進各校對UCAN功能的理解與後續推動應用之參考。

自98年建置推動迄今，歷經平臺基本功能研發驗證及大規模推廣服務，乃至精進應用，UCAN平臺歸納出三大使用族群，分別是學生、教師與校務研究人員，三者對應運用UCAN深度研究的三類主題，即：學習輔導、教學規劃與學習成效，至少涉及學務、教務和校務研究單位。這樣的特性需要校內跨單位的橫向協調與溝通，甚至需要先行對焦更高層級的推動共識，誠然為推動過程的不小挑戰。不過，正因跨處室的攜手合作，我們看到了諸多以學生為主體而開展的UCAN多元研究主題，包含：適應安置、學業表現、畢業追蹤，再環扣到教學創新與翻轉。這些研究成果可讓學生發展個人能力養成之選課計畫，讓教師檢視授課內容與職能之連結度，再行重新規劃與調整；同時，也可回饋學校校級策略方針，作為校務治理推動依據。此外，亦為其他學校提供良好的示範參照。

展望未來，UCAN秉持職能平臺本色，除了持續優化平臺設計與功能，滾動式更新職能資料庫，提供學生、師長與學校更豐富、與產業同步的職能資訊。另方面，將持續與各校合作研究，透過學校合作的激盪，結合UCAN診斷數據與校務研究資料庫，協同各校掌握學生學習成效及追蹤畢業表現，同時，諸些研究成果亦將轉化為UCAN未來推動及應用的建議與回饋。UCAN期能與各校開放合作，擴散交流，展開生生不息的正向循環。

社會科學類　PF0282　Viewpoint 52

臺灣校務研究之學生就業與發展

主　　　編／廖慶榮、何希慧、陳錦華
責任編輯／石書豪
圖文排版／莊皓云、楊家齊
封面設計／劉肇昇

發 行 人／宋政坤
法律顧問／毛國樑　律師
出版發行／秀威資訊科技股份有限公司
　　　　　114台北市內湖區瑞光路76巷65號1樓
　　　　　電話：+886-2-2796-3638　傳真：+886-2-2796-1377
　　　　　http://www.showwe.com.tw
劃撥帳號／19563868　戶名：秀威資訊科技股份有限公司
　　　　　讀者服務信箱：service@showwe.com.tw
展售門市／國家書店（松江門市）
　　　　　104台北市中山區松江路209號1樓
　　　　　電話：+886-2-2518-0207　傳真：+886-2-2518-0778
網路訂購／秀威網路書店：https://store.showwe.tw
　　　　　國家網路書店：https://www.govbooks.com.tw

2020年11月　BOD一版
定價：400元
版權所有　翻印必究
本書如有缺頁、破損或裝訂錯誤，請寄回更換

國家圖書館出版品預行編目

臺灣校務研究之學生就業與發展 / 廖慶榮, 何希慧,
陳錦華主編. -- 一版. -- 臺北市 : 秀威資訊科技,
2020.11
　　面；　公分. -- (社會科學類 ; PF0282)
(Viewpoint ; 52)
　BOD版
　ISBN 978-986-326-828-4(平裝)

　1. 學校行政　2. 生涯規劃　3. 就業輔導　4. 大學生

525.648　　　　　　　　　　　　109008716

讀 者 回 函 卡

感謝您購買本書,為提升服務品質,請填妥以下資料,將讀者回函卡直接寄回或傳真本公司,收到您的寶貴意見後,我們會收藏記錄及檢討,謝謝!
如您需要了解本公司最新出版書目、購書優惠或企劃活動,歡迎您上網查詢或下載相關資料:http:// www.showwe.com.tw

您購買的書名:_____

出生日期:_____年_____月_____日

學歷:□高中 (含) 以下　　□大專　　□研究所 (含) 以上

職業:□製造業　□金融業　□資訊業　□軍警　□傳播業　□自由業
　　　□服務業　□公務員　□教職　　□學生　□家管　□其它_____

購書地點:□網路書店　□實體書店　□書展　□郵購　□贈閱　□其他

您從何得知本書的消息?

　　□網路書店　□實體書店　□網路搜尋　□電子報　□書訊　□雜誌

　　□傳播媒體　□親友推薦　□網站推薦　□部落格　□其他_____

您對本書的評價:(請填代號　1.非常滿意　2.滿意　3.尚可　4.再改進)

　　封面設計____　版面編排____　內容____　文/譯筆____　價格____

讀完書後您覺得:

　　□很有收穫　□有收穫　□收穫不多　□沒收穫

對我們的建議:_____

_____

_____

_____

11466
台北市內湖區瑞光路 76 巷 65 號 1 樓

秀威資訊科技股份有限公司　　　收

　　　　　BOD 數位出版事業部

....

（請沿線對折寄回，謝謝！）

姓　　名：＿＿＿＿＿＿＿＿＿　年齡：＿＿＿＿　性別：□女　□男

郵遞區號：□□□□□

地　　址：＿＿＿＿＿＿＿＿＿＿＿＿＿＿＿＿＿＿＿＿＿＿＿

聯絡電話：(日) ＿＿＿＿＿＿＿＿＿＿　(夜) ＿＿＿＿＿＿＿＿＿＿

E-mail：＿＿＿＿＿＿＿＿＿＿＿＿＿＿＿＿＿＿＿＿＿＿＿